情繫伊甸園：創世紀詩人論

章亞昕著

現代文學研究叢刊
文史哲出版社印行

國家圖書館出版品預行編目資料

情繫伊甸園：創世紀詩人論 / 章亞昕著. --
初版. -- 臺北市：文史哲, 民 93
面： 公分. -- (現代文學研究叢刊; 13)
含參考書目
ISBN 957-549-572-1 (平裝)

1.中國文學 - 新詩 - 評論

851.486 93016225

現代文學研究叢刊 13

情繫伊甸園：創世紀詩人論

著者：章亞昕
出版者：文史哲出版社
http://www.lapen.com.tw
登記證字號：行政院新聞局版臺業字五三三七號
發行人：彭正雄
發行所：文史哲出版社
印刷者：文史哲出版社
臺北市羅斯福路一段七十二巷四號
郵政劃撥帳號：一六一八〇一七五
電話886-2-23511028 · 傳真886-2-23965656

實價新臺幣四〇〇元

中華民國九十三年(2004)十月初版

ISBN 957-549-572-1

創世紀的伯樂與伯樂的百駿圖

蕭　蕭

台灣的現代詩評論已從印象式批評、讀後心得報告，走向樹立個別理論體系的路向，如葉維廉與張漢良中西學的體用合攻，向陽的年代現代詩風潮試探，白靈《一首詩的誕生》、《一首詩的玩法》的方法論推廣，鍾玲、李元貞的女性詩學闡微，孟樊的流派追蹤、後現代論述，簡政珍《台灣現代詩美學》的布置，甚至於年輕學者阮美慧、解昆樺對笠詩社、創世紀詩社的發展、比較的社團論，丁旭輝對圖象詩、陳巍仁對散文詩的探究所發展出來的新詩類型論，鄭慧如拆解詩的細部觀察而又匯爲大觀的特殊觀點探索，須文蔚的數位詩展望，林于弘的分類學，都已有顯赫的成績，儼然形成花繁葉茂、碩果累累的大景觀。

同時，中國學者朱雙一的《戰後台灣新世代文學論》、陶保璽的《台灣新詩十家論》、陳仲義的《現代詩技藝透析》陸續問世。如果再加上李元洛、古遠清、古繼堂、沈奇等人更早出版的論述，台灣現代詩的發展已經受到相當多的矚目，微觀者有之，宏觀者有之，縱切者有之，橫剖者有之，點式直擊者有之，塊狀鋪陳者有之。台灣現代詩論述，成爲海峽兩岸學者無形的競技場，大家樂觀其成。

因此，山東籍的章亞昕匯集多年來所撰述的，有關創世紀詩社的詩人個論，再加上新增的詩社綜論，完成《情繫伊甸園：創世紀詩人論》一書，付梓印行，爲台灣現代詩論述再添一樁美事，令人歡欣。

《情繫伊甸園：創世紀詩人論》以詩人個評爲重心，細數創世紀詩人個人風格的形成，都有獨到的見解。如以空間的超越論商禽，以時間的鐫刻說張默，兩相對比中掌握了兩人詩作的特質。如以文化錯位觀論葉維廉，以文化相對論談王潤華，對於長期生活在台灣以外的詩人，有著深刻的觀察與判讀。如以「行者」喻管管，以「史人」斷大荒；以「良知」細寫辛鬱，以「第三波」肯認杜十三。彷彿創世紀擁有數十匹神駒，章亞昕以伯樂之姿一一點醒。

不過，我更有興趣的是「綜論」部分，如何將創世紀放在台灣新詩發展史上，如何確立她的歷史性價值與地位，甚至於創世紀詩社的典律與霸權如何消長，與其他詩社的互動形式與規模又如何開展。特別是《情繫伊甸園》「綜論」的前四篇，爲我們預告了龐大的體系：

超越現實：創世紀的文化精神
追求純粹：創世紀的意象語言
邊緣處境：創世紀的史冊蘊涵

這是一個論評者的重要發現，可惜限於出版時間的急促，未做詳盡論述。所幸章亞昕「情繫」創世紀這個「伊甸園」，在他自己這樣輕輕點醒之後，期待他沈潛自己，審視台灣，愼思風潮，明辨氣象，爲這個龐大的詩學系統，再做闡述，爲台灣現代詩的蓬勃，再加鼓舞。

情繫伊甸園：創世紀詩人論 目錄

綜論

滄海桑田：創世紀的時空意識

在新詩運動中，其實包括了兩個不同的藝術思潮。相對於理性內容壓倒感性形式的崇高藝術運動，有別於浪漫與寫實的詩歌藝術，現代詩構成了一種新的藝術傳統。唯其如此，李金髮被視爲「詩怪」，洛夫被視爲「詩魔」。在新詩史上，現代詩因不同於崇高藝術傳統而被看成異端，由此反而表現出自身在歷史上的超越意義，以及在美學上的創新性質。當然李金髮與洛夫又有所不同，李金髮作爲早期現代詩的發軔者，是文學史上的「重要詩人」；洛夫作爲台灣現代詩的經典作家，則是文學史上的「優秀詩人」。現代詩運開始於二十世紀二、三〇年代的大陸詩壇，而在五、六〇年代的海外詩壇走向成熟，又於八、九〇年代在大陸詩壇有了新的發展，思之眞正令人有滄海桑田之嘆。台灣現代詩承先啓後、繼往開來，在中國詩史上自有其重要地位。

離「桑田」而赴「滄海」，是台灣許多現代詩人的共同經歷。作爲一種文化移民的心路歷程，滄桑巨變又是藝術心態的象徵。起先它也許只是空間上的飄泊感受，後來也就隨著台灣社會轉型，而成爲具有時間意味的時代文化精神，因而詩壇「西化」與歷史滄桑實在是相通的。台灣三大現代詩社都是如此，但是創世紀詩社的早期成員應該感受更深，作爲一個軍中詩社，詩人們對於人生的無奈，對於自由的嚮往，總會有刻骨銘心的體驗。像商禽的詩作《門或者天空》裡的抒情主人翁，正如「沒有監守的被囚禁」，反反復復從一個虛擬的「門」中走出，正是從事精神上的逃亡。又如管管的詩作《住在大兵隔壁的菊花》裡的抒情主人翁，彷彿那位愛菊花的士兵，「總會偷偷的（在晚點名前）拿水壺打著酒來隔壁醉一回」，而且是悠然見陶潛，又「總會是挨了趕不上晚點名的頗爲過癮的罵」，因爲排長「完完全全不是死老百姓」……滄桑巨變，生生死死，看上去很荒誕的喜劇情境，骨子裡卻是悲劇性的生命體驗，詩人身不由己，走上一條血與火的人生之路，那超現實的藝術追求，便包蘊了極其莊嚴的現實意義。所以創世紀詩社能在三大現代詩社中後來居上，《創世紀》詩刊會在艱難坎坷中長盛不衰。詩人們「從感覺出發」，詩思卻深不可測。

詩來自生命的衝動，曾經滄海，遂有創世紀詩社超現實的時空意識。這種超越性的藝術觀，便源於歷史滄桑之感。它不是寫實的，卻又是眞實的。眞實的體驗，使詩人們的藝術探索非但是迷人的，而且更是感人的。所謂「超以象外，得其圜中」，一旦桑田變成了滄海，創世紀詩社的詩人們便以血爲詩，來寫詩壇春秋。瘂弦告訴我們：

> 何以創世紀是血色的？那是因為早期「創世紀」創社的詩人幾乎清一色是軍人，他

們來自戰火硝煙的年代，作品中所表現的是災難歲月的悲情，對他們來說文學是淚的印記、血的吶喊。《創世紀》，一個誕生在軍中的文學社團！這恐怕是中國文學史甚至世界文學史上所少見的吧。四十年來，它從軍中出發，其文學影響越過鐵蒺藜的營牆，擴散到全台灣、全世界的華人文壇，成為一個詩的發光體，一個文學的熱源。①

於是，詩人爲寫憂而造藝，背井離鄉便以詩爲心靈的家園，那詩史亦即是一部生命的苦難史了。在這個意義上，不平則鳴，長歌當哭，洛夫的詩作《石室之死亡》可以說是一部精神的史詩，他征戍行旅於水深火熱之中，生靈塗炭亦感同身受。詩人「窮而後工」，何況「詩可以怨」，而美感也就孕育在悲劇之中，悲情使「囚於內室」的抒情主人翁領悟了詩意，然後「乃從一塊巨石中醒來」，「驀然回首／遠處站著一個望墳而笑的嬰兒」。詩意產生於詩人悲憤的心路歷程，痛苦中便湧現出超越性的意向。在創世紀詩社的藝術追求中，確實表現出中華民族的重情文化傳統：在面對人生之際，詩人也面對個人的心境，通過表現情感的方式來高揚意志力，通過創造意象的方式來發揮想像力，而衝動的生命力，也就寄託在詩意之中了。所以，《創世紀》亦即創造未來，未來是要用想像力去把握的，未來是要以意志力去創造的，而詩人追求未來，便是爲了超越現實的悲劇！「西化」姿態中的反叛意味，就表現出拒絕悲劇性現實的意向。然而悲劇是眞實的，有如瘂弦的詩作中〈從感覺出發〉裡的抒情主人翁，爲我們留下「一部感覺的編年紀」。詩人品味「沾血之美」，於是詩意「自焦慮中開始」，人也像「一個患跳舞病的女孩」，苦苦傾訴其生命體驗。在這裡，現實美特徵被意象化，詩中遂凸顯出藝術美規律。詩歌藝術美規律的另一面，又是「歡愉之詞難工，而窮苦之言易好」，就詩而論，重情文化傳統頗有些像悲情文化傳統。「沾血之美」即是悲情之美，乃是化痛感爲詩意。張默也在組詩《時間，我繾綣你》裡面說過：

時間，我悲懷你
一滴流浪天涯的眼淚
怔怔地瞪著一幅滿面愁容的秋海棠

「天涯」的空間與「流浪」的時間相互呼應，個人的命運便滲透民族的歷史，於是，有「滿面愁容的秋海棠」出現在淚眼之中，宛若斷腸人望著斷腸人……〈後記〉講這組詩「主要是紀念咱們這一群並肩走過五、六〇年代的坎坷歲月，現在是六十歲左右猶在詩壇打拚的老夥伴。」[2]飄泊的悲涼身世，便化作一代人的心聲。我們還可以對照辛鬱的詩作品〈捕虹浪子〉，「浪子」是沒有家的，而沒有家，便是「捕虹」的精神動力：

在刺痛了自己的腳掌之後他開始

用手行走

爲了回家「他設想自己是一把鑰匙／如此艱辛如此執著他開啓那門」。痛感與美感的交錯，身世感與歷史感的呼應，使人與詩心心相印、絲絲入扣。〈捕虹浪子〉又相當於管管筆下的散文詩〈刺青族〉裡面的「獵者」，抒情主人翁說「他」要「回家」，然而卻倒在大都市中的「柏油路面上」。當桑田變成滄海，詩人便以詩爲家，並且以超現實的時空意識，來表現自己極眞實的生命體驗。

面對人生中的悲劇情境，創造生命的本眞境界，正是創世紀詩社共同的藝術追求。社會在轉型，現實人生充滿淚光血影，詩人的藝術使命，也就在於凸顯作爲歷史性的人之存在。中生代詩人簡政珍，要求詩意超越政客群起狂舞的時代局限性，使語言不再僵化如權威人士的政令工具。其長詩《浮生紀事》以「光」的意象來展開詩的空間，而「光」又以「夜色」爲背景，「此時我從夜的身影／看到你眼角的光」，詩人便輕輕道出：

當陽光偷偷地走進鞋子
一條等候跋涉的路
在盡頭
靜靜展望未來

空間就這樣轉化爲時間，使過去、現在、未來相互滲透、彼此交融，成爲不斷變化的，不可重復的生命過程。詩人將心理的時間意象化，也就可以直觀生命的本質，從而把時間這種內在的體驗變爲空間那種外在的現象加以感悟。這有如抒情主人翁走出地下宮殿的瞬間，黑暗與光明、過去與現在，桑田與滄海構成強烈的對比，便觸發了豐富的聯想：「從黝黑的洞口出來／陽光掉了一身的雪／那些墓前的石雕／所發出寒光／綿延成今日的川流」。滄海桑田的歷史感轉換爲生與死的對立，這正是一種本眞意義上的言談，通過時間過程使存在得到形而上的藝術表現，從而不僅賦予自身而且賦與世界以存在的意義。時間是客觀的，又是主觀的，在瞬間中包容整體性，乃是我們的生命體驗和實現過程。簡政珍認爲，「詩人在不同的時空來回自由穿梭，因而可以觸及存有和歷史的本貌。」③滄海桑田的時空變幻，遂凸顯出生存本眞而自由的特質。生存是本眞的，因而立足於現在，滄海即非桑田，「西化」或者「回歸」都離不開自身現在的時空定位；生存又是自由的，可以瞻前顧後、繼往開來，而滄海與桑田也皆是相對而言，時間非但是客觀的歷史尺度，而且也是主觀的生命尺度，所以，中生代詩人沈志方的詩作〈中年心事〉裡的抒情主人翁如是說：

如果時間是一種傷口，那麼
多闊多深才能成為兩岸？

阻隔曾經深信過的
想像。那麼多闊多深
才能成為現在？

詩人既是在寫歷史，也是在寫現實，更是在寫自我。在時間中充滿了人生的無奈，而自我實現主要是一種人格化的問題。他主張：「至於理想，我終於相信／只是一種樹木生長的姿勢／與茂密無關」。於是本眞與自由的生存二重性便表現爲現實與理想的人格二重性。現實人格與理想人格兩分，又體現於人生中忙與閑兩種時間之中，《夜讀棋譜》說自己在白天是「奔馳在上班下班的小小棋盤上」的「馬炮士卒」，到了晚上才擁有自主的心情，可以自由地面對自身，任人擺佈的棋子就成爲自我實現的棋手，力圖走出人生的困境……相形之下，新生代詩人杜十三則力圖走出詩藝的困境。他面對人類文明進化的「第三波」，強調詩歌也要接受新潮流的洗禮，使詩思維的傳統可以實現創造性的轉換。詩人回顧幾千年藝術傳播媒介的發展史，指出一個時代有一個時代的藝術傳播方式，爲現代詩設計了一條多媒體的發展道路，並且身體力行，其實驗成就令人耳目一新。於是在千行寓言詩《火的語言》裡，藝術史的滄桑巨變化作「波與波的共鳴」。波濤與電波，遂環繞現代人的生存，改變著社會轉型期「文化陸沉」的現象。在變幻著的時代風尚裡，詩人以其創造力來開闢詩藝的出路，探索著精神生命的未來形式。

社會轉型又正是一種歷史的滄桑，人雖未曾離開鄉土，文化環境卻不同於昔日的風景，這同樣產生了文化移民心態，導致七〇年代以來台灣詩壇呈現各種不同文化成份雜糅並存的格局，精英文化與大衆文化之間便不再有壁壘森嚴的鴻溝。創世紀詩社在發展變化的環境中始終面對眞實的自我，因而一切規範和秩序都是相對而言，所以詩人們可以與時俱進。軍中詩人與新生代詩人的差異，恰好相當於文化移民心態中自然形成的文化代溝現象。軍中詩人好似菲華女詩人謝馨，表現出第一代移民所常有的文化心態：過去的經驗已不適宜於現在的環境，人地兩生的世界也不再崇尚昔日的權威，然而文化的傳統又總是通向了兒時的記憶，故園的鄉情從此是夢中的溫馨！她在《王彬街》中說「王彬街在中國城」，但是「中國城不是中國」，只能從那裡的民俗，去品味華夏的文化。由於文化就像民俗那樣無法遺傳，上一代的異鄉情懷，總會變成下一代的認同意識，未經蜀地之人，難免樂不思蜀。文化代溝現象是以空間的轉移造成了時間的割裂，上一代重視過去的回憶，下一代強調未來的機遇，便產生不同的行爲方式，不同的身世之感，不同的價值觀念。於是中生代詩人如王潤華，不拘泥於傳統的文化權威，也不屈從於新的文化權威，而是在經驗與機遇之間，在過去與未來之間，自主地去把握現在，自由地去從事創造。王潤華在新加坡的橡膠園消失後去寫詩集《橡膠樹》，旨在尋找精神生命的本眞境界。詩人要在急劇變化的時代不迷失自我，就必須抓牢記憶。在工商業化的都市生活中，一片綠土便足以象徵心靈的家園。滄桑巨變，守護那片心中的綠土，也就可以保持精神的活力。盡管海外已非本土，文化環境與文化傳統已構成別樣的天地，然而詩思多變，恰恰便是華文詩不變的本質所在。王潤華如此，創世紀詩社的詩人們也是如此。

詩人必須面對自己的文化環境，因爲文化環境即便是困境，亦代表了精神上的一種生存狀態。歷史滄桑，必定給人帶來被放逐的深刻感受，使痛苦伴隨人生進入陌生的天地。這有如葉維廉所說，個人在歷史中被迫承受民族的悲劇，那文化錯位情結就會充滿憂患意識。詩人們「爲了抗拒本源文化的錯位異化，抗拒人性的殖民化，表面彷彿寫的是個人的感受，但絕不是『唯我論』，而是和全民族的心理情境糾纏不分的。」④詩人以詩意來重建心靈的家園，去整合「支離破碎的文化空間」，創造中國的現代詩或者現代的中國詩，在現代的時間與東方的空間兩方面，重新進行文化的時空定位，也就成爲文化環境賦予詩人的時代使命。就像商禽，流離在外也是另一種囚禁，利用記憶的力量來進行突圍，懷鄉便意味著尋找精神的出路。他說：「回想起來，過往的歲月彷彿都是在被拘囚與逃亡中度過。」⑤那「拘囚」與「逃亡」的對立，必定強化了詩人從精神上自救的意識。命運是如此嚴酷，把他推入痛苦與自由相衝突的處境，使其生命體驗具有重要的意義與價值。這是一種絕望中的追求，「拘囚」是宿命，「逃亡」是生活的準則，縱然此身被「拘囚」，此心要從事精神上的創造！人立足於大地，出路卻在天空，人生荒誕，詩人只好採取超現實的否定精神，「逃亡」的心理內容，也就在於追求一種超現實的眞實。所謂哀兵必勝，置於死地而後生，滄海桑田的人生困境，遂啓示了創世紀詩社超越性的時空意識。於是創世紀成其創世紀。詩人以詩來回應歷史的悲劇，遂呈現出人性的崇高與莊嚴。

附註：

①瘂弦：《創世紀的批評性格》，《創世紀四十年評論選》（創世紀詩雜誌社，一九九四年），頁三五五。

②張默：《落葉滿階》（九歌出版社，一九九四年），頁一七六。

③簡政珍：《詩國光影》（廣州，花城出版社，一九九四年），頁一一七。

④葉維廉：《被迫承受文化的錯位》，《創世紀詩雜誌》第一〇〇期（一九九四年九月）。

⑤商禽：《夢或者黎明及其他‧序》，書林出版社一九八八年。

超越現狀：創世紀的文化精神

心有不足，遂發而爲詩。運用意象語言，以超越人生中悲劇性的現狀，乃是創世紀詩社的文化精神之所在。這是以其充滿詩意的精神境界，來抗衡世俗的權威。在想像中現狀不再是現狀，在創造中未來綻露光明，因而創新也就意味著求變，超越便孕育著本眞而自由的生存狀態。唯其如此，「創世紀」信非虛言。詩社中何以爲詩節衣縮食、賣車當錶，苦心經營、求新求變？「衣帶漸寬終不悔，爲伊消得人憔悴」的原因正在於，超越性的文化精神，已經構成了生命中最迫切的需要。超越現狀，也超越自我，越坎坷而不倒，履薄冰而不墜，只緣詩人們獻身藝術的赤子之心。於是，「獨上高樓，望盡天涯路」的情懷，會化作「回頭驀見，那人正在，燈火闌珊處」的超越之境。創世紀詩社的藝術成就得來非易，單靠技巧而無體驗者決難望其項背。可見現代詩的超越精神，本是詩與眞的結晶。詩意是存在的家園，是全神貫注的所在，由於詩，心靈變得自由，可以超越悲劇的命運。活法、想法、說法，原來是相通的！所以「創世紀」的詩藝不限於形式實驗，而指向了人生之道、超越之道，藝術形式只是爲內容服務的。

有如「生命中不可承受之輕」的超越性意向，給詩意以脫離現狀的高揚遠舉之勢。詩是目的，而非手段，它引導探索性的精神活動，在藝術追求中爲生存開闢一條讓心靈走出困境的道路。在創世紀詩社，詩人對家園的詩思、對生存的詩情、對貫通的詩想，均由高揚的詩意而來。自勝者強。唯命是從循規蹈矩，是軍中詩社在藝術上最大的隱患所在。詩人須有解衣般礴旁若無人意，然後才能無拘無束自由創造，從而遊於法度之外。瘂弦曾說：「爲了討論『創世紀』的編輯大綱，我們在海軍紀念塔的石階上傾談整夜，被海軍憲兵誤認爲小偷，坐了一夜的牢。」①此事頗具象徵意味，它表明創世紀詩社雖是軍中詩社，但是就文化心態而言，詩人氣質卻要重於軍人氣質。詩人歷經滄桑巨變，縱然水往低處流，人卻要向著高處走，所以會產生高揚遠舉的詩意。洛夫曾經在《煙囪》中說「我是一隻想飛的煙囪」，此身難離所在空間，此心卻已想落天外；《欲飛之掌》也講「飛的意念」使全身之「水」流向了「雙掌」，「這正是化火焰爲翅膀的第一步」。超現實的詩意看似離奇，卻意味著超越時空的人生理想，亦即表達一種使心靈獲得自由的嚮往之情。管管則在悼念楊喚的散文詩《三朶紅色的罌粟花》中，希望「雙泉淙淙……淙淙至斜斜的天河」，這個「天河」的意象，恰恰象徵一條過鵲橋而會親人的還家之路。「飛」的姿態，在於超越「島」的困境。困境帶來生存的自覺，生存的自覺又產生超越性意向，促使現實人格轉換爲理想人格。詩是目的，詩意寄託對自由的渴望。既然是四面無路可走，也就只有向上超越之道。人生之道不在現在的地上，便在潛在的天上，詩意也就成爲生命力昇華的必然表現和最高形式，代表一個雖不可知卻令人神往的境界。唯其如此，商禽會在詩作《大地（土行孫告白）》裡，這樣爲超現實的詩歌藝術觀進行辯護：

他們把我懸掛在空中不敢讓我的雙腳著地
他們已經了解泥土本就是我的母親
他們最大的困難並非我將因之而消失
他們真正的恐懼在於我一定會再度現身

超現實的想像，是一種存在的神話，它以脫離現狀的心理態勢，來追求高揚的詩意。商禽在「拘囚」中體味屈辱，在「逃亡」中追回人性的尊嚴，即是立足於困境去尋找出路。若說超現實表現手法只是玩弄技巧，便抹殺了詩人在夢想中的良知，實在是出於一種誤解。如果把創世紀詩社的藝術追求「懸掛在空中」，只見其「飛的意念」，而有意無意忽略了「煙囪」在困境中難以脫身的痛苦，自然得不出公正的結論。詩人說：「泥土本就是我的母親」，這本就是一句到家的大實話。

詩是眞的，正如夢也是眞的，詩意中自有本眞的自我感覺和自我意識。脫離現狀的心理態勢可以轉換爲創造者的自主精神，詩人對家園的詩思便意味深長。家園是一個內在於社會的、私有的精神空間，相當於碧果在《靜物》詩中所說，當「樹被閹割了。房子被閹割了。眼被閹割了。街被閹割了。手腳被閹割了。雲被閹割了。花被閹割了。魚被閹割了。門被閹割了。椅子被閹割了。／大地被閹割了」後，依然保存精神活力的詩人，也就成爲「一隻未被閹割了的抽屜」，而「抽屜」即是心靈的家園。沈奇曾經指出：

「抽屜」的意象是別有意味的，它幾乎成了整個碧果詩歌創作的一個標誌性的隱喻。它喻示著一種收藏而非展示，一種私人話語而非公共空間，一份詩性人生的個人檔案而非歷史的繁囂演出。②

詩人退出社會角色回到「後台」，可以從事更加自由的創造活動。當「大地」不再眞實，生活充滿了虛僞，詩人就退入自我的心靈世界。家園雖小，卻又是精神活力之所在：儘管「大地被閹割了」，詩意的家園反而生生不息，使生命得以延續！家園是一個以親情替代利害的地方，是一個與權勢無關之處，是一個用快樂原則取代現實原則的場所。回家後的心情，是盡情想像、任意發揮的遊戲心態。「一年三百六十日，風刀霜劍嚴相逼」，唯家園溫馨。創世紀詩社以鄉情爲創作心態的歷史背景，通過高揚的詩意來表現自己對家園的詩思，從而開發了創造的潛能。對於他們，詩意確是存在的家園，詩思即是心靈還鄉的審美之旅。洛夫主張：「對一個詩人而言，『眞我』也正是他一生在意象的經營中，在跟語言的搏鬥中所追求的目標。」③那「眞人」的家園，相當於在沈志方《書房夜戲》詩中的「書房」意象，抒情主人翁「逍遙於無何有之鄉／讓群書在架上倒立」；而瘂弦的「深淵」，則出現在心靈飄泊的歲月，無家可歸的命運是一種「乞丐」式的人生，《乞丐》說道：

每扇門對我關著，當夜晚來時
人們就開始偏愛他們自己修築的籬笆
只有月光，月光沒有籬笆
且注滿施捨的牛奶於我破舊的瓦缽，當夜晚
夜晚來時

家園比故鄉包容更多的文化內蘊，在中國家不僅是自我定位的傳統座標，而且是自我實現的天然出發點。辛鬱的組詩《演出的我》和《同溫層》，都是以家族情境來超越社會情境：前者是在家族角色中《讀自己的成長》，亦即解讀自我的生命；後者則在《自己篇》、《母親篇》、《父親篇》和《歲月篇》中「鑑照生命的運行」，便塑造出超越社會角色規範的自我意象。這種立足於家園的「眞我」情懷，凸顯出生存的本眞境界。

詩人以高揚的詩意表現對家園的詩思，其審美理想勢必指向一種生存的詩情，這詩情中包容了生命體驗，也蘊涵相應的價值判斷，那價值尺度又帶有存在主義的意味。存在主義者主張，個人只有退出社會角色，立足於個性，對外在規範作出內省式的獨立判斷，才可以超越人格現實性而走向人格理想性，於是他不再處於沒有自我面目的「無名人」狀態，本眞的「存在」也就開始浮現。瘂弦的《深淵》這樣描述「無名人」即常人的狀態：對於他們「沒有甚麼現在正在死去，／今天的雲抄襲昨天的雲。」不去思想，不去創造，以流行「格言」來指導自己的行動，就連「我們是誰」都可以置之不理，只是「爲生存而生存，爲看雲而看雲，／厚著臉皮佔地球的一部份」！超越現狀的文化精神，在於不順從社會的秩序，以及對抗悲劇性命運，在生存的詩情中從事創造，去超越自身的局限，使自己與外界的萬物同化，從而與無所不在的生命精神渾然合一。這時生存的詩情便成爲心靈的家園。洛夫認爲：「超現實乃是破除我們對現實的執著而使我們的心靈完全得到自由，以恢復原性的獨一的我。就這一層次而言，超現實主義不僅在精神上具有超人哲學的傾向，而且在藝術創造上能產生更大的純粹性。」④「魔歌」即超越常人之歌。藝術的高境界和精神的高境界，都是詩人自覺追求的理想境界。有如「詩聖」杜甫以「會當凌絕頂，一覽衆山小」爲其超越性理想，以《望獄》爲其文學道路的精神起點，向上的自我超越之道總在聯想中指向無限，因而具有多種可能性。超現實意味著精神潛能的自我實現。重新感悟人生價值，才能提昇自己的精神境界。情感可以三分爲理智感、道德感、美感，詩中有情，詩的藝術離不開美學，同樣離不開社會學和倫理學，眞、善、美三位一體，詩便自成高格，詩人即非常人，可以表現對生存的詩情。在簡政珍的心目中，刻板的教學如《季節過後》所指出的，已經因其僵化，多少遮蔽了存在的本眞境界。詩中如是說：

一度我們把背誦奉為
生存的名器
地理名詞比自己的容顏清晰

僵化刻板的教育，一旦使語言成爲死記硬背的教條，常人也就在放棄想像與創造的同時迷失了自我。對精神活力的扼殺，正是一種生存的悲劇。常人的狀態觸發了超越的本能，表現對生存的詩情，遂成就了抒情主人翁間接的、內在的自我造型。反對權威語言「具有超人哲學的傾向」，是詩人高揚個性、發揮其主觀能動性的關鍵所在。張堃的詩《給耘耘》，與此正好對比：「看你聚精會神／坐在地上玩著積木／我便不再驚心於自己的危樓／是否就要倒坍」。遊戲不像教育，卻很像詩，充滿創意，乃是一種存在的象徵。生存的目的和意義，在很大程度上取決於個性，但是，在遊戲中充滿了創造意味，可以使想像變爲現實；而不良的教育，則往往排除獨立思考，學生被束縛在教科書上，不允許向任何權威挑戰，從而壓抑了自己探索性的精神本能。

心靈是一個整體，不能條分縷析，詩人對生存的詩情，便促成了對貫通的詩想。想像力本來就在於追求融會貫通的境界，是傾向於由此及彼，而不同於非此即彼。超越性以文化的整合意識孕育了意象的張力。洛夫面對著四分五裂的外部世界，感到自己的身心也同樣支離破碎，就像《午夜削梨》裡落下的梨皮，會使抒情主人翁感到，「啊／滿地都是／我那黃銅色的皮膚」。這種身遭肢解的切膚之痛，便來自於物我兩契的天人合一式的貫通性聯想。貫通要求在異中見同，在意象中有張力，在聯想中有境界，如《湖南大雪》：

雪落無聲
街衢睡了而路燈醒著
泥土睡了而樹根醒著
鳥雀睡了而翅膀醒著
寺廟睡了而鐘聲醒著
山河睡了而風景醒著
春天睡了而種籽醒著
肢體睡了而血液醒著
書籍睡了而詩句醒著
歷史睡了而時間醒著

世界睡了而你我醒著
雪落無聲

宛若「想飛的煙囪」，在這裡「睡」與「醒」也正是你中有我、我中有你，一切都是相對而言，超越性的語境便孕育在現實性的情境裡。在種種冷凝的現象背後，還有靈動的生命力在「雪」下生生不息，構成美學境界，也組成社會學與倫理學的精神風景線。非此即彼和由此及彼，代表了兩種不同的語境：前者屬於權力話語，後者屬於意象語言。在我看來，以意象語言來超越權力話語，乃是現代詩在新詩運動中異軍突起的意義所在。由此及彼的語境不僅更能吻合華夏民族的重情文化傳統，而且可以構成「文化相對論」的時代精神，置身「邊緣處境」，卻又從生命體驗中發現自我超越的契機！有如韋恩·W·戴埃所指出的，權力話語離不開非此即彼的語境，它苛求確定性，思想僵化，缺乏創意，以求同與順從為特徵，以其成見來規範他人，因而追求極權、崇尚權力，甚至唯力是視、以強凌弱，「總是強行地把世界上的每個人、每件事分成簡單的幾個類別，並且不惜任何代價地維護這種僵化的分類。」⑤那種種分裂與對立，也就由此而來。超越現狀，便意味著超越權力話語。對創世紀詩社的指責，似乎有不少是出自權力話語與意象語言之爭。意象語言有如朵思的《肢體語言》，因其隨心所慾，故能高飛遠舉：

消除語言重量
世界便從腳底開始歌唱
從指尖飛翔
從毛細孔張合的空間創造新義。

匪夷所思才會異想天開，有意象語言然後美夢成眞，超越性離不開詩人的想像力和創造力。於是貫通的詩想化作生存的詩情，生存的詩情成就家園的詩思，家園的詩思產生高揚的詩意，超越從「消除語言重量」開始。所以，意象成爲意志的外衣，詩成爲人格理想的象徵，「眞人」就生存在意象語言之中。創世紀詩社的文化精神首在貫通，亦即融會貫通古今中外詩藝，在生命體驗的基礎上自主地從事創造，從而使被放逐的人成爲超越者。

附註：

①瘂弦：《爲永恆服役》，張默《愛詩》（爾雅出版社，一九八八年），頁一三。
②沈奇：《藍調碧果》，《創世紀詩雜誌》第一〇三期（一九九五年六月）。
③洛夫：《超現實主義的詩與禪》，《中外詩歌交流與研究》一九九三年第三期。
④洛夫：《詩人之鏡》，《洛夫自選集》（黎明文化公司，一九八一年），頁二四〇。
⑤〔美〕韋恩·W·戴埃：《無限度的人》（浙江人民出版社，一九八九年），頁九二。

追求純粹：創世紀的意象語言

飽經滄桑之後，詩人自然道出一個屬於純詩的神話，那是爲了超越生命中的悲劇。在基督教「創世紀」的神話中，上帝是創造者，因此亞當和夏娃有了可愛的居所，同神有了一種開放又坦誠的關係。並且基督之死與復活也帶來「新創造」的生命，一旦萬物都被更新，人們便進入「新創造」裡，脫離以往被罪惡腐化的宇宙。在這裡，死亡可以象徵詩性精神的喪失，而具有超越性的詩人即是創造者。以「創世紀」爲詩社命名，是張默翻閱散文集偶然所見，因此想辦詩刊，實在於偶然之中有必然，「開始」本就是「創世紀」的原意，追求純詩乃是現代詩人一個新的開端：如果上帝不存在，一切都會是可能的，孤獨無助的人們，只能用想像力和創造力來探索通往未來的道路，所以純詩的意義非同尋常。

純詩看重美感，意象語言立足於眞實可靠的主觀性，正所謂「我思故我在」，詩人們省略對現實生活進程的直觀介入環節，從而由內入外、由己及人，在誇張、變形、怪誕的藝術境界中，走向感覺，走向個人化的生命體驗。於是，意象語言可以意在言外，建構無爲而無不爲的幻象世界。碧果在《昨日午後》中，遂創造出一種似靜而實動的意境：

井然有序。是因為我已知道我面南的小窗上方是一片藍色的天空。站在庭院裡的是一棵青翠古松，松下是一張竹製的成品：我的躺椅。

是我由屋中走出
將身軀投給這張躺椅
躺在躺椅上
靜謐的凝望著一片藍色的天空

還詮釋些什麼呢
被藍色的天空覆蓋著
我躺在古松下的那張躺椅上
昨日午後就是這個樣子
井然有序

「井」的字眼配上「觀天」的姿勢，十分令人深思。「已知」的世界是實際生存的現狀，人本是動物，抒情主人翁卻呈植物狀態，似乎他忙得，也閒得，悠然自得，能定下心來，便可以進入詩的心態，因自我調節而物我兩契，「藍色的天空」象徵著超越，「躺椅」本就是

「躺」的，「身軀」安定下來，「井然有序」，精神的潛能便化作人的悟性，一種趨於內省的文化心理機制——難道「躺」的狀態，即是人生中無奈的常態？要知道靜極思動，何況秩序是外在的，不以個人意志爲轉移，徒令仁者憂若山來、智者思若水流！詩人言在此而意在彼，心中有所領悟，乃經由意象而見出性情，釋放出自我覺識的心理潛能。在「有序」的人生中，並無選擇餘地，「還詮釋些什麼呢」，意象語言的言外之意，本來就是不落言詮的。「躺」的動作靜到了極處，「凝望」的心理內容卻十分複雜，一個長長的「午後」，沒有沈默的唯有「肢體語言」，在這裡，碧果之「躺」，相當於洛夫之「舞」，一切盡在不言中。那「井然」二字，使我們隱隱感到「躺椅」之小以及「天空」之大，在對比聯想中自然形成了語言的張力……司空圖《詩品》中「落花無言，人淡如菊」的詩境，正來自「語不欲犯，思不欲癡」的詩法；「不著一字，盡得風流」之道，乃是以「不說出來」爲方法，去追求「說不出來」的境界，所謂以無聲勝有聲，應該是純詩創作的不二法門。

意象是沉默的語言，生命卻在沉默中重新開始。詩中「說不出來」的境界，涉及創世紀詩社的伊甸園情結。失去了的家園是難以回歸的樂土，幻象世界便成爲人生的立足點，而詩是一個神聖的預言，一種執著的嚮往——即便詩人們已經紮根在異鄉的土地，卻不得不一次次回想昔日的家園，在心目中搬演無限往事，因爲家族不可以選擇，鄉音中有溫馨的回憶，心靈之血與生命之源總會引起神秘的共鳴……無聲勝有聲，意象語言彷彿羅英的《雨》，化作一片內心世界的風景。這首詩的前面兩節這樣對我們說：

越過。（夜晚，正像一頭死貓）雨
越過天和天和天的窗
越過門檻上和門檻下的月輝色的迷惘
越過這裡那裡的潮濕的悲愴

雨呵，你從神的十指間落下
從天空的眉際
從海的沒有圍牆的花園
從我的沒有堤岸的心胸
滾滾地，落下

在幻象世界裡，詩人以其想像力開拓了心理的時空，因而主體的感悟大於客體的眞實，可以說「雨區」屬於個人化超越性的自由空間，使現象即是意念，官感流動且又沉潛。意象不僅「沒有圍牆」也「沒有堤岸」，而且「沿著時針」、「沿著鐵軌」擴展其時間與空間範圍，自成有血有肉的有機複合體，呈現多層次、多序列的排列組合，宛若不斷變化的意識流，在潛意識中引發自動的印象組接。「悲愴」的「雨」，於是「帶著」抒情主人翁的「夢想」和「睡意」；而她呼喚：「呵雨／請在一朵雲中靜默下來／那快跑的旋轉的昏迷的沒有泊處的哀愁中靜默下來／雨呵，請靜默下來，落下來」。意象語言即是「靜默」的靈感，而意象與主體神秘的交感契合，使視角轉換產生音樂般的效果，造成一種迷人的動勢，由訴諸聽覺而刺激聯想，那通感的運用更蘊涵著詩人內在情思的細膩波動，極具包容性。她從主觀角度描繪出「雨」轉瞬即逝的印象，隨其所想，指點成詩，因而「雨」即是「夢想」，亦即詩意之所在。「說不出來」的「悲愴」的心情，就這樣通過審美知覺，化入物我兩忘的詩境。詩人的精神力量越了經驗的時空，意象語言也隨著突破了侷促於常規的思維格局。文善醒而詩善醉，詩之意與本就是感悟生命的主動體驗過程，抒情主人翁「不說出來」她自己「哀愁」的故事，卻引起了強烈的共鳴，由此可見純詩的魅力。

「靜默」是對言外之意的傾訴。簡政珍主張，詩人要在沉默中去追求詩境的言外之意，「只要有沉默，語言的意義就無止境。存有以質疑反應這個語言的世界，任何由質疑再進一步的探索，都在尋求解答的可能性，語言因此趨於完滿。」①改變現狀的可能性在想像過程中漸漸展開，言外之意因其不確定，而充滿了精神活力。葉維廉則提倡純詩，看重直覺，使詩意要立足於美感，盡量避免理智感和道德感直接介入詩思之中，彷彿詩中只是一片自然的風景，詩人貌似不動情，然而一切都意在言外。他以「名理前的視境」構成審美知覺，而純詩要求自主地創造一個感性的美學天地，使想像在定時、定位、定向的精神狀態中突圍而出。瓦萊利認爲：

> 也許說「純詩」不如說「絕對的詩」好；它應被理解為一種探索——探索詞與詞之間的關係所引起的效果，或者毋寧說是詞語的各種聯想之間的關係所引起的效果；總之，這是對於由語言支配的整個感覺領域的探索。②

創世紀詩社的現代詩創作，在探索意象語言的過程中，很看重追求詩藝的純粹性。在瘂弦、洛夫、商禽、葉維廉的超現實主義作品中，都不約而同地表現出詩歌的藝術美規律。他們強調在詩言詩，也許純詩比超現實更能代表創世紀詩社的藝術理想。超現實主義的詩歌觀念，本不缺乏純詩意向，

> 他們要進行詩歌創作純粹是為了滿足內心的需要。對他們說來第一要緊的，是造成一種能激起詩興的精神狀態，這種精神狀態是樸實無華、不受任何外界控制的，它使擺脫了邏輯束縛的想像力得以在人們感覺到和接受的各種要素之間確立一個新的、不可預料的序列，在偶然交織在一起的各種事物中捕捉自發產生的思想火花，並善於從往昔被忽略的事情中發現充滿詩意的、神奇的價值。③

寫作時的精神狀態與心理技巧，應該是詩歌藝術中最為精微深奧之處，在這方面，超現實主義的詩歌藝術觀實有過人的長處。因為自主的創造性想像可以為純詩創作開闢一條走向自由王國之路，所以創世紀詩社在六〇年代選擇了超現實主義，也可以說是必然之中有偶然，其偶然性在於與世界詩壇接軌時的藝術時尚，必然性則來自詩人們一以貫之的追求純詩意向。從五十年來創世紀詩社的文學道路，可以看出帶有純詩意向的詩性精神，才是詩人們融會貫通古今中外詩藝的心理支點。在五〇年代，創世紀詩社提出「建立新民族詩型」，是要求詩人有「美學上的直覺的意象的表現，主張形象第一，意境至上。且必須是最精粹的、詩的，而不是散文的」；④到了六〇年代，他們在強調詩的「超現實性」時，也同時標舉了「世界性」、「獨創性」和「純粹性」，顯然在凸現詩藝的現代品格、前衛特質之際，仍然念念不忘深入探求詩歌具有超越性的藝術本體……唯其如此，無論「西化」還是「回歸」，他們總致力於自我超越，在詩社同仁中多的是各地名家，在詩刊作品中多的是各家名篇，辦刊物的「大植物園主義」表明他們不重門戶之見，而是以詩的藝術規律為其最高追求！

在《創世紀》第三十期復刊號上，洛夫在《一顆不死的麥子》中表示：「我們在批判與吸收了中西文化傳統之後，將努力於一種新的民族風格之塑造，唱出眞正屬於我們這一時代的聲音。」⑤這是一種現代詩在文化時空中的自我定位，而定位的前提，又正是「求新、求深、求廣、求純」（同上）的純詩創作理念。創世紀詩社主張「不為派別但求精神」，並且

「一向以追求詩的純眞與現代表現爲宗旨」，⑥而文化時空的現代性與東方性，本就統一於詩人對存在的感悟裡。所以，洛夫《隨雨聲入山而不見雨》的抒情主人翁抓起的「三粒苦松子」，不料「竟是一把鳥聲」，這是在「被忽略的事情中」發現詩意，卻也是「禪趣」的表現，由此說彼，妙語橫生，寓知性之悟於感性之舞，正是在《微雲》中所謂「不羈，不朽，永恆的存在，眞實的虛幻」，在虛擬中進入本眞的純詩境界。嚴羽的「詩有別材」與「詩有別趣」之說，也可以與創世紀詩社的詩性精神若合符契！洛夫口中「四求」，同嚴羽筆下的「四忌」，即「忌直，忌淺，忌露，忌短」幾成對句，眞是絲絲入扣。「不必太著題」式的暗示性與「言有盡而意無窮」的凝縮性，遂成爲意象語言的運作法門。洛夫亦感亦悟，管管亦詩亦文，具有「管管風」的散文固然文中有詩，在《管管散文集》中亦多散文詩作；而在《管管詩選》裡，又有《飛飛傳》這樣近似武俠小說的文章。就像葉維廉在《散文詩探索》中所指出的：

> 一方面，為了抗拒實證主義工具性影響下語言的單面化，詩人呼籲另一種準確性（多線發展，意義不決定性），用打破語法，打破時序來求取一組放射意義的符號。另一方面，為反對十九世紀作假不真的修辭，他們又呼籲回到自然語，甚至回到散文，作為詩方媒介。⑦

追求另一種陌生化，管管在解讀自己獨特的命運時，往往只是率眞而言，家常話便能自然高妙，而詩性精神則表現爲一種對童心的偏愛，興之所至，也就自然道出童話的言語；又時時苦吟「雨中黃葉樹，燈下白頭人」，表現出天涯遊子的情懷……管管與洛夫心心相印，因爲純詩藝術的魅力與意象語言的張力，都來自多樣統一的形式美規律。洛夫認爲「對純詩之追求」是「超現實主義勢必產生之結果」，⑧他運用想像與象徵來創造「放射意義的符號」，來追求似幻還眞的境界，這與管管的如眞似幻之思，恰恰異曲同工。唯有詩性精神，才是衡量純詩美學的藝術尺度。

追求純詩的詩觀，決定了創世紀詩社的詩法。在《詩人之鏡》中，洛夫很看重意象語言的暗示效果和內在張力，強調它們「均爲純詩之重要因素」，因而意象語言是一種排除分析性、演繹性的語言。詩人從感覺出發，創造富於美感的幻象世界，「純詩面貌」即在於「技巧與觀念之渾成」。通過意象語言人們進入幻象世界，使人生經驗與審美經驗發生共鳴，於瞬間領悟永恆，領悟生命，領悟詩中的言外之意。所以，「我們判斷一首詩的純粹性，應以其所含詩素（或詩精神）密度之大小而定，所謂詩素，即詩人內心所產生的並賦予其作品的力量，這種力量在讀者欣賞時即成爲一種美的感動」，無論超越時空還是天人合一，無論選擇世界性還是鄉土性，如夢似幻的生命體驗雖然意在言外，卻是詩性精神強大的藝術感染力所在：

> 純詩乃在發掘不可言說的隱秘，故純詩發展至最後階段　即成為「禪」，真正達到不落言詮，不著纖塵的空靈境界……⑨

純詩妙趣橫生，只因爲詩人的靈會妙悟，意象語言「不著纖塵的空靈境界」，意味著生命體驗的淨化與昇華。純詩神話般的虛擬性，來自詩性精神的超越性品格。詩性精神即是「新創造」的藝術意向，讓未來重新「開始」即是創世紀詩社的目的所在。以純詩來寄託伊甸園情結，意象語言也就是詩性精神的載體，空靈中不失深沉，無爲而能無不爲。於是詩人們內心世界的風景，便象徵了二十世紀中華民族在文化上的「邊緣處境」，其言外之意自然地指向文藝復興的時代精神。超現實而更現實，本眞的存在乃凸顯於幻象世界裡……

附註：

①簡政珍：《語言與文字空間》（漢光文化事業公司，一九八九年），頁五四。

②瓦萊利：《純詩》，載伍蠡甫主編《現代西方文論選》（上海譯文出版社，一九八三年），頁二七。

③程曉嵐：《超現實主義述評》，載柳鳴九主編《未來主義　超現實主義　魔幻現實主義》（中國社會科學出版社，一九八七年），頁一四六。

④洛夫：《建立新民族詩型之芻議》，載《創世紀四十年總目》（創世紀詩雜誌社，一九九四年），頁

一五八。

⑤洛夫：《一顆不死的麥子》，載《創世紀詩選》（爾雅出版社，一九九三年），頁六一一。

⑥《五年之後》，載《創世紀詩選》，頁六〇四。

⑦葉維廉：《散文詩探索》，載《創世紀四十年評論選》（創世紀詩雜誌社，一九九四年），頁九五。

⑧洛夫：《詩人之鏡》，載《創世紀四十年評論選》，頁三〇，頁四四至四六。

邊緣處境：創世紀的史册蘊涵

路的盡頭是天涯，話的盡頭便是詩。當時序來到二十一世紀初，我們驀然回首，會發現創世紀詩社的現代詩創作，構成新詩史上最爲瑰麗奇異的一章！何以軍中詩社會在文學史册中佔據如此地位？何以軍人會成爲大詩人？這正是「人間要好詩」的「天意」所致，有如唐宋詩詞的巔峰之作，均出自時局逆轉的社會轉型期，人在天涯，詩意也就出自心頭。詩聖杜甫對此尤有會心，所謂「文章憎命達，魑魅喜人過」，《天末懷李白》說「應共冤魂語」的詩人，也最識「江湖秋水多」……於是，《夢李白》遂發出了「千秋萬歲名，寂寞身後事」的感嘆。唯其如此，詩藝的史册蘊涵，往往離不開詩人的邊緣處境。陸游亦曾經道其「詩家三昧」得於軍中，《九月一日夜讀詩稿有感走筆作歌》講得分明：「我昔學詩未有得，殘餘未免從人乞，力孱氣餒心自知，妄取虛名有慚色。四十從戎駐南鄭，酣宴軍中夜連日，……詩家三昧本忽見前，屈賈在眼元歷歷，天機雲錦用在我，剪裁妙處非刀尺。」所以《示子遹》強調，「詩爲六藝一，豈用資狡獪？汝果欲學詩，工夫在詩外。」詩在生命體驗中，出生入死、血淚交鑄的心路歷程，乃是創世紀詩社崛起於現代詩壇的關鍵所在。

人生旅途是一片逐漸展開的視野，足下所行，目中所見，心中所思，組成主體與客體渾然合一的風景線。然而身入困境，有如進行曲中出現休止符，劇場的幕布緩緩落下，演員也就不再是角色，語言脫離原有軌跡便成爲詩。我們走出現實的時空，想像過去與未來，乃能面對一種超越性的精神境界，使生命空間無限擴大，使生命歷程極度延長……超現實的時空離不開邊緣處境，邊緣處境「像一堵牆」，它使碰壁者發現「一切都是相對的、有限的、分裂成對立面的」，從而產生自覺的自我意識，在無路之處探索出路，於困境之中尋找自由。所以，雅斯貝斯認爲：「體驗邊緣處境和去生存，是同一回事。」①這個見解，與瘂弦的詩可以若合符契。請看《坤伶》中的描寫：

是玉堂春吧
（夜夜滿園子嗑瓜子兒的臉！）
「苦啊——」
雙手　放在枷裡的她

詩人所運用的小說戲劇化技巧，與小說家再現生活的寫實文字實有著本質上的區別：「嗑瓜子兒竹臉」與「雙手放在枷裡的她」相對照，因而構成詩的張力，使叫苦的「坤伶」，也處在邊緣處境中。《鹽》中「二嬤嬤壓根兒也沒見過退斯妥也夫斯基」，和「鹽務大臣的駝隊在七百里以外的海湄走著」，同樣表現出一種邊緣處境，來自於詩人的生命體驗。有如瘂弦所說：「我們不應忘了詩人也是人，是血管中喧囂著慾望的人；他追求，他迷失，他疲憊，他憤怒。」②所以，困境成爲創作的源泉。詩人遠走他鄉，伊甸園情結卻在心頭，與邊緣處境渾然合一。於是，人生的不幸遂構成存在的象徵，它啓示人們在創造性想像中，去從事超越性的反思。

對於創世紀詩社，邊緣處境的蘊涵是多方面、深層次的。首先是空間的邊緣處境，促成了詩人們的文化移民心態。他們飽經歷史的滄桑，從大陸到海外，背井離鄉，遠離本土，其文化心態也就隨著環境的變化而變化。天涯遊子的悲劇性身世，構成一個反傳統精神的意象原型，一種對命運的隱喻。詩人們由此而產生從事藝術探索的強大心理動力，立足於生命體驗，從感覺出發，並在超越性反思中，以意象語言取代了以往滲透新詩傳統的權力話語。所以，他們會選擇超現實主義。「超現實主義認爲，過去被忽視的某些聯想形式具有很大的眞實性，相信夢幻無所不能，相信思想活動能不帶偏見。超現實主義要最終廢除一切其他的心理機械論，取而代之，以解決生活中的主要問題。」③實際上，創世紀詩社的現代詩創作並非玩弄技巧，而能言之有物、持之有故，是爲了以充滿血淚的生命體驗，來創造表現民族情境、時代心境、文化語境的精神性史詩。其次是文化的邊緣處境，迫使創世紀詩社重新進行文化時空的自我心理定位。文化移民心態意味著置身於文化環境中的邊緣狀態，二十世紀的中國文化不再以自我爲中心，又有如葉維廉所說，「被迫承受文化的錯位」。葉維廉深刻指出：

> 事實上，對西方的知識、思想和意識形態的沈醉，往往壓倒了對中國文化原質根性異化生變的思索。這種把侵略者、殖民者的思想的內在化——即被外來思想同化到無法反思、無法認知這些曾經幫助他們批判傳統宰制架構的外來思想，在最深的底層裡，實在是另一種宰制形式，對人性的削減有很大的創傷性，是與中國文化宰制架構以外所強調的『自然』、『無待』、『無礙』背道而馳的。所以，在這個內在化的過程中，兩種文化便無可逃避的進入複雜的衝突、對峙、爭戰、協商、調整。這種異質爭戰的共生一面深深觸擾了中國本源的感受、秩序觀和價值，一面引發了弓弦緊張的文化對話。[4]

啓蒙與救亡的時代精神二重奏，孕育出相應的文化方言，其中不乏外來語的介入，而「異質爭戰」的結果，使崇高型的小說和現代派的詩歌，最能代表二十世紀的文學主流。由於救亡是一種群體實踐的對抗性活動，崇高型的小說應運而生，無論寫實小說還是浪漫小說，均在美學上強調理性內容壓倒感性形式，使權力話語在文學中構成重要內容，使小說家成爲民族精神的主要代言人，使現代小說文化取代傳統詩文化。小說在文壇上居於主導地位，而小說話語也滲透進言詩歌與散文之中。現代派的詩歌對崇高型的小說是一種反撥。創世紀詩社看重生命體驗，也就本能地遠離權力話語，自覺地從事超越性反思。詩人在「西化」之時，或於「回歸」之際，皆力主反對「宰制架構」的人文精神，其藝術追求總是指向了生存的本眞狀態，以高揚個性爲超越邊緣處境的第一義。於是，現代的文化時間與東方的文化空間遂組成自我定位的座標系……唯其如此，再其次，藝術的邊緣處境，成就了創世紀詩社深廣的史册蘊涵，即對傳統詩文化的創造性轉換。梁啓超論證「小說爲文學之最上乘」，發動了「小說界革命」，至今歷時百年，現代小說文化取代傳統詩文化，使崇高型的小說構成了新文化的傳統，基業已固，羽翼已成，讀者司空見慣，習慣成自然，早就養成相應的藝術趣味，適應了那種敘事而兼政論的文體。⑤幾代文人心力之所聚，使崇高型小說自有其可觀之處，然而負面的影響，卻也不容忽視。崇高型小說在美學上具有功能性追求的結構化傾向，並非純藝術運動，其作品往往偏重社會功利而導致了美感的鈍化。滲透入骨的權力話語宛若雙刃劍，對敵對己均具殺傷力，一統文壇之後，更是慣於打壓，所謂成霸主必有霸氣，而純詩成爲異端，可不言自明。大體上，崇高型小說代表「前工業時期」對工具理性的迷戀，自身也帶有工具化傾向；現代派詩歌來自於「後工業時期」及對工具理性壓抑人性的現代意識，所以新文學運動包含了近代藝術與現代藝術兩個不同潮流，新詩運動也形成了兩種不同的藝術傳統。當崇高型小說居主流地位，現代詩即在文壇邊緣，可以說成非「魔」

即「怪」，早期象徵詩派處境固然不佳，創世紀詩社遭受排斥，亦是可想而知。軍中詩人該最能體會權力話語非此即彼、敵我分明的厲害，說他們是「新移徙的一群人」、「反抗社會約定俗成」、「不敢眞正面對社會」、「作現世的逃避」，都帶有權力話語意味。⑥這三重邊緣處境，使創造加倍艱難。詩人身處弱勢而自居異質，以現代詩對抗小說文化，便意味著促使傳統詩文化的創造性轉換，乃是以意象語言來取代霸道的權力話語。周鼎《一具空空的白》，正是他爲邊緣處境寫照的荒誕戲劇詩，詩中法醫、警官、監察官、批評家均使用權力話語，而詩人則對確定性思維加以模糊性的調侃，那不確定性本就是意象語言的力量所在：

有一個人躺在這裡
躺成
他所喜歡的樣子

某天酒後
他一腳
踢走了他的妻子
帶著他的獨生小女

離開所有的朋友
現在他就躺在這裡
躺成
一具空空的白

邊緣的意象，似乎暗合出世的意境，現實與意象之間的「間離效果」於是產生。

西方的摹仿論和正統的載道論，是現代小說文化的理論基礎，所以對現代詩有「作現世的逃避」一類指責。創世紀詩社把超現實的邊緣意象化作近似莊子「怒而飛」的出世意境，便在神韻論詩學基礎上面對傳統詩文化的山林情懷，走向「自然」、「無待」、「無礙」的藝術境界。這不是從「人間情」飛回「無何有之鄉」，而是一條拉開審美距離超越性反思之路。詩之道有如嚴羽所言：

> 夫詩有別材，非關書也；詩有別趣，非關理也。而古人未嘗不讀書，不窮理。所謂不涉理路、不落言筌者，上也。詩者，吟詠情性也。盛唐詩人唯在興趣，羚羊掛角，無跡可求。故其妙處瑩徹玲瓏，不可湊泊，如空中之音，相中之色，水中之月，鏡中之象，言有盡而意無窮。近代諸公作奇特理會，遂以文字為詩，以議論為詩，以才學為

詩。以是為詩，夫豈不工，終非古人之詩也。⑦

創世紀詩社暗合嚴羽的純詩觀，以五千年文化鄉愁爲精神背景，遂能完成傳統詩文化的創造性轉換。張默的《落葉滿階》，是親情、友情與藝境、意境合一之作，因而由情生韻，在心靈觀照下有橫絕太空的想像，使詩歌內在節奏也餘音裊裊。寓悟性於直觀，於平淡求眞味，使創作心態進入帶有節奏感的流動境界，同樣成就了瘂弦頗具謠曲風的現代詩藝。「味外之味」來自生命體驗，什麼是純詩，取決於詩人的自我意識，所以接受傳統與自創新境的結合方式，會受到邊緣處境與文化移民心態的內在制約。人在邊緣故產生詩的出世情調，鄙棄庸俗方能有超越性反思，醉心於美感便形成高明的藝術判斷力，於是現代詩趨向個性的高揚遠舉，化「浩然彌哀」之感爲「俯拾即是」的意象。世事興亡，歲月不居，如今邊緣化的中國已不再是世界的中心，家族式的紐帶也不再是生存的根基，遊子的身世就此成爲意象的原型，純詩的藝術就此成爲價值的象徵。以自我的邊緣處境隱喻民族的邊緣處境，以超越性反思來探索存在的意義，現代詩人便帶有某種重建精神秩序的文化英雄意味，而意象語言也就自然成爲文化的結構性因素。詩文化本是華夏民族重情文化傳統中終極關懷的焦點所在，當整體文化的斷裂造成個體存在的失落，寫現代詩乃成爲一種精神本能，詩人在想像中努力恢復詩文化傳遞生存秩序的意義系統。創世紀詩人浪跡天涯，在心靈遠遊的超越性反思中用意象照亮世界，「返虛入渾」的詩意，遂能無爲而無不爲！如洛夫《寄遠戍東引的莫凡》，在其《後記》中，他說：「時植深秋，愁結難宣，且以詩作書，既寄情遠戍的親子，也寫自己蒼涼的老懷。」東引島在台灣的邊緣，詩人對親子之情的抒寫，也飽含個人生命感悟，那同情心是深廣的。請看詩中最後一節：

秋涼了，你說：
燈火中的家更形遙遠
我匆匆由房間取來一件紅夾克
從五樓陽台
向你扔去
接著：
這是從我身上摘下的
最後一片葉子

「扔」衣服的動作繪聲繪色，看似寫實，又寓象徵，詩中多的是身世之感。「秋涼了」一語巧帶雙關，「燈火中的家更形遙遠」，使人聯想起寒夜冷風中青年人的邊緣處境（那人身上流著自己的血）。天寒便要添衣，意象也正是意志的外衣，而「葉子」與生命的年輪又息息相關……人在邊緣，詩意卻在心頭，成爲感情的紐帶。同樣，台灣在中國的邊緣，而《創世紀》成爲溝通海峽兩岸乃至世界各地華文詩界的橋樑，也許我們應從詩文化傳統的創造性轉換角度，來理解創世紀詩社推出「大中國詩觀」時那種帶有整合意向的文化戰略眼光：華文詩本就是華文圈子裡共有的感情紐帶，詩文化傳統的創造性轉換，也就意味著中華民族的文藝復興！同時，由於詩在邊緣，故杜十三提出：「面對現代生活的空前形態進行媒介之間的『傳播整合』實驗，並以此做爲開拓中國現代詩的未來形式的一種可能嘗試」，⑧這不失爲一個跨世紀又極具創意的發展設想。簡政珍也主張：「雖然這不是詩的時代，卻是最適合寫詩的時代。」⑨在困境中以創意開闢「反常合道」的超越之路，體現了創世紀詩社的文化使命及其史册蘊涵。這是一條溝通了民族與現代、美學與社會、獨創與傳統的文化藝術整合之路。中華民族的邊緣處境已逾百年之久，詩人們悲劇性的生命體驗自有其典型性，因而他們若能自強不息，當能超越文學社會學所說的「世代的交替節奏」，在整個漫長的民族文化轉型期留下自己深遠的影響……

附註：

①參見《存在主義哲學》（中國社會科學出版社，一九八七年），頁二七五至二七八。

②痖弦：《詩人手札》，載《創世紀四十年評論選》（創世紀詩雜誌社，一九九四年），頁一八。

③布列東：《什麼是超現實主義？》，載伍蠡甫主編《現代西方文論選》（上海譯文出版社，一九八三年），頁一六九。

④葉維廉：《被迫承受文化的錯位》，載《創世紀詩雜誌》第一百期（一九九四年九月）。

⑤關於詩文化與小說文化的演變，請參閱拙著：《近代文學觀念流變》（灕江出版社，一九九一年）。

⑥參見孟樊：《台灣現代詩的現論與實際》一文中所舉的例子。載《創世紀詩雜誌》第一百期。

⑦嚴羽：《滄浪詩話》之《詩辨》，載郭紹虞主編《中國歷代文論選》中冊（中華書局，一九六二年），頁一二〇。

⑧杜十三：《再「創」現代詩的新「世紀」》，載《創世紀四十年總目》（創世紀詩雜誌社，一九九四年），頁二〇〇。

⑨簡政珍：《創世紀和詩的當代性》，載《創世紀四十年總目》，頁二〇一。

多彩情懷・・繆斯的風華（為女詩人畫像）

說起「失樂園」，那本非亞當自己的獨角戲。創世紀原來是一個軍中詩社，歷經風雨陰晴五十年之後，它不僅出落得「文武雙全」（如瘂弦所謂「秀才遇見兵，草莽加學院」），而且是修煉得「剛柔相濟」—詩社中形成了一個巾幗不讓鬚眉的女詩人群體，從而豐富了這片方舟上的風景。從藍菱到劉小梅，女詩人的多彩情懷，盡顯繆斯的風華。

藍菱本名陳婉芬，出生於菲律賓馬尼拉，她先後就學于菲律賓遠東大學和美國愛荷華大學，現旅居美國。身在異鄉，詩人自然頗多身世之感，她人生體驗豐富，又擅長以藝術感悟入詩，故筆下每多佳作。如《人間仙圖》說：「群山疊翠／洞府裡傳出笑聲」……然後抒情主人翁話鋒突轉：「而此刻漸升漸渺的／豈止山泉／茅煙？啊仙人／輕輕一躍／便身陷人間世／而且備受讚賞／（這場意外的跋涉！）／而不絕於耳的／總是對美的感動／多於一次大竊案後的不安」。讀者對此或感費解，詩人在《附記》中說：「『仙山圖閣』爲元末畫家陳惟允所作，不過是我藉以抒發觀畫以外的一些感觸。因有感于袁則難一首『楊氏博物館』詩中所指的大竊案（該詩所指僅限陶瓷玉器雕刻），但中國古畫因兵荒馬亂而流失他處者也不少。在領略他當時『邊看邊心疼』的情景下，自是無限惋惜，仙境疑眞似幻，世人的浩劫鐵般無情。稍頃卻因有藝術公諸於世，流傳迄今一想法而釋然，若借此以遣懷，當也無不可也。」①觸景生情把自己情懷寄託在生活中的細節裡，藍菱的文思就精微細密工巧，深沈眞摯雋永。又如《聽琴》的「意識流」，看上去抒情主人翁神色平靜，其實內心世界卻思潮翻滾：

在室內的一個暗角坐下來，乃有
悠揚的琴聲四起
煙波萬頃，自胸懷中走出
這是夜靜，在手指的練習曲中
舒放。是小白菊
綻出了笑容的暮冬

那女孩垂發落肩，專注聆聽……
老師說：河上的夜
要任其輕輕地流，輕輕地彈

此刻我半閉著目，依稀感知

雪正走下窗來
騎單車的男子沖過綠燈，駛入
長街的冬雪
拋下我在黑暗中的思維
遠去
我乃索覓他車後亮起的紅燈
此時莫不是已沈默地
遊過了河，莫不是到了
小小的停站
帆落……
風靜……
但是那琴聲婉轉奔湍
無意等我自遠方整裝回來
那女孩坐直身子仍在彈琴……
音律的起落必須如水中的生命躍動

秩序的組合必須嚴密地完成
彈琴的女孩必須遠遠
　遠遠地走離
媽媽的冥思

《編者按語》說：「此詩非常溫暖、甜蜜、生活化，意象柔美，節奏輕快，應該是相當契合輕輕彈起琴聲之悠揚。」②與此同時，「煙波萬頃，自胸懷中走出」的琴韻，讓輕快中夾雜了沈重、讓柔美中包含了淒清，給讀者帶來五味雜陳的美感。

馮青本名馮靖魯，她的詩藝仿佛風生水起，帶有前衛的鋒銳之氣，故張健在《女詩人十一家簡評》中，說她「風聲泠泠，水聲潺潺。」③她的詩風具有強健的現代意識，意象清新而情懷深沈，就像《水薑花》的抒情境界：「兩岸的燈火也濕了／我眉睫的露水盈盈／開了又開的素花／靜靜的在秋色中疲倦」。她的思緒是常常沈潛於潛意識的深處，慣於以一種陰冷的調子來描繪都市人生，從而寓體驗於感悟，化深情爲眞知。正如鍾玲所說：「馮青最突出的作品是一九八三年之後的抒情詩，語調浪漫而深情，但內容卻對人生之滄桑，文明之毀壞，表現深刻的認知，因此在其語調與內容之間形成強烈的張力，表現一種矛盾的浪漫情懷。」④詩人「矛盾的浪漫情懷」，讓文思言在此而意在彼，寄興深遠。她還擅長運用創造性想象來構造超現實的幻象世界，藉以表現後工業社會悲劇性的騷亂情調。即便是常見的生活場景，也是以潛臺詞取勝。像《秋刀魚》這首詩的頭兩節：「強而銳利的嘴／空翻著無法出口的語音／／雖然緘默著也沒什麼不好／男人和女人／一齊低頭注視著／擺在磁片上依然完整的魚」，詩人敘述夫婦離異分手時的場面，「魚」即是「餘」的隱喻，抒情主人翁暗示，未來是不幸的——這又可印證古繼堂的說法：「馮青表現了化理性爲感性，將抽象變爲具象的本領和才華。」⑤這種二重性，包容了內在的矛盾。因此關於自己，《馮青詩話》如是說：「詩中的美和啓示，對我來說，後者應該大於前者，悲哀的是，我不知不覺還是走到美的一邊去。」⑥矛盾的心態帶來充滿了張力的意象，就像《月下水蓮》：「原來／彈著笙的／竟是月亮／把一片屋頂／淹成荷塘／／原來／滿地的水蓮／都是泡沫／讓月的鐮刀／一朶朶割破」，抒情主人翁感悟「美」和領略對存在的「啓示」，讓詩意可以相反相成。林燿德在《馮青論》中指出：「馮青承傳的則是詩的現代主義、意識的存在主義及中產階級的反中產階級社會批判。」⑦此語令人信服。生存的矛盾，帶來了馮青文思的張力。

　　商禽和妻子羅英的家庭情調充滿詩意，仿佛她筆下《象群》的境界：「淡泊得像是靜靜地站在不顯眼的角落；默數著這一日的悲戚與歡樂……而他們是冷靜地觀察者和記錄者。他們從容不迫地將這些記錄整理，並賦予心靈的嚴肅與冷靜的本性。」這種生活情調，爲羅英帶來超越性的情思。陳仲義認爲：「由於直覺與潛意識的發達，羅英的知覺統合能力大受裨益。其突出的表現是：對各種物象的捕捉，通過較大跨度的知覺變異，於瞬間中得到奇峭的融彙。」⑧洛夫也指出：「在當代女詩人中，很少像羅英一樣能將超現實的意象融入抒情的節奏中而又毫無窒滯之感。也可以說，她是女詩人中一位最不爲浪漫主義所感染的抒情詩高手。」⑨羅英的詩仿佛她的《鏡子》：「面對／鏡子／她看自己／看燈光在衣服上／灑下淚的／雪花∥在冷冷的視域之中／那一襲黑色衣裳／竟在渴的烈焰中／燃燒起來∥脫下未曾述說哀傷的／衣／將裸露的／身體／原石般投進／河那般的／鏡子裡∥河是更洶湧的／她在河中泅遊／流失」。表面的包容了內在的，平靜的反映了動蕩的。她曾經在《雲的曲調》中說，秋天越過了「我心積雪的山頭」，把「哀怨」的情思，寫在了「路燈」閃爍的荒涼的夜路上。是的，人生不僅在外部情境中度過，也在內部心境中度過，「秋」構成一種心境，也必然會搬演出一連串心理戲劇，喚起多樣又多變的想象。羅英筆下戲擬的境界，遂被高度抽象化。請看《肩》：「女人一度是他肩上／燃燒的／菊花∥男人卻是她肩上／支離的／家書∥征戰之男人的／肩和肩／重疊著有若跌碎的雕刻∥等待之女人的／肩和肩／柵欄般在月光下腐朽」。陳義芝以此爲例說：「以淬煉的意象相跳接，形成新奇的邏輯，暗含人生辯證關係，最是羅英的特點：表面波平，暗潮洶湧」。⑩人生戲劇內化爲意識流動，「月光」便滲透心靈深處。

古月本名胡玉衡，千秋月色是她喜愛的話題。如陳仲義所說，包括《詠月》，「古月曾寫過十首詠月詩，有《月之魂》、《月之焚》、《月之航》、《月之祭》、《月之晦》、《月之聲》、《月之影》、《月之隱》、《月之怨》，堪稱詠月之大全。女詩人淒美迷離的哀楚，是柔情與生命共譜的心曲。夾纏著寂寥、追戀、錯位、焚化、孤怨的複雜意緒。」[11]如《月之怨》說「九月的汐漲／一隻飛雁落寞的／欲睹暮色平分後／你的臉頰」，而以月色爲語言的《唇語》道：

在天際黎明前
星星將一凋殞下去
我模糊的生命
似乎仍滯留在夢中
恁你以冰冷的吻
縫綴那語言亦難彌補的
破綻

風花雪月讓古月的詩意表現出陰柔之美，同時這種美感又是深沈的，如《痕》的境界：「拈花間／是瓣落的戀語／筆落時／是抒情的相思／如是纏綿／痕深／深成一溝不見底的／愁」。圓缺變化的月光，化爲詩人隱約含蓄的情懷。

劉延湘人如其名，乃是湖南湘鄉人。她少小離家，一縷鄉思常常滲透詩人的情懷。《酒城》中二十二歲的抒情主人翁，遂悲哀地唱道：

花季已殘敗，歌音沈逝。
這是雨國，
當你叩進，流浪的少年啊，
蒼暮飄冥中，
你的升起，曾似一尊遠山，
曾似一株青青又青青的杉樹，
我哭泣著。

我哭泣著，不復為已逝的季節，
為星星和雨聲
當你撫琴吟唱，流浪的少年啊，
曾掩入你的衣袖間，我哭泣那襤褸中濃濃又
濃濃的氣息。

如同鍾玲所說：「劉延湘起步寫詩的時候，正值西化詩體盛行之際，奇怪的是她沒有一首詩受這種文體的影響。她的詩，文字乾淨利落，意象清晰而準確。……誠如她所言，她的詩反映一種平穩和自制。但她所捕捉的感覺，卻出自現代經驗，故其詩在內容上亦富現代精神。」[12]劉延湘和朵思，都是立足於自身的生命體驗，進而展開對社會的感悟；由於這種體驗和感悟本身就打下了時代的印記，她們必須有所創新，才能加以準確的表現。構思中的創意，不能不借鑒作者閱讀的經驗，於是在表現內容和形式結構中，都會自然地存在或多或少的「現代感」，而且這種現代性來得更自然、更眞實、更本色。

朵思是婉約的，當年她以《梧桐樹下》寫一對情人在星光樹影下的對視：「冷冷的風吹拂著，／吹不散／那股沈寂的氣氛／我們屹然相對，便那樣／默默凝望」，眞是意在言外，此刻無聲勝有聲。張健在《女詩人十一家簡評》中，說她是「亦柔亦詭，感性中有理趣。」[13]有如《沸點》，由表及裡、由情生文，是詩人構思的特色：

花腔的語言總是由水的表面唱出來
幽禁的思緒也是從水的底層浮升蕩開
魂與魄，快樂與憂鬱
各種音階

各自跳躍獨唱自己的熱情或哀怨

換言之，詩人的意象語言如同《肢體語言》所說：「消除語言重量／世界便從腳底開始歌唱／從指尖飛翔／從毛細孔張合的空間創造新義」。匪夷所思故能異想天開，有意象閃爍然後美夢成眞，超越性離不開詩人的想像力和創造力。詩人由於融會貫通古今中外詩藝，而能在生命體驗的引導下自由地創作。然後朶思由體驗者變成了創造者，在《雨滴的意象》中訴說：「一滴水的前身／凝成天空的心事／再一片片降下飛絮般的傷心／於是，天空的心情便擾亂了你我的心情／雨滴的聲音，便變成了你要告訴我的聲音」。鍾玲認爲：「朶思的作品在表現激情和痛苦方面，其眞實動人在臺灣女詩人中無出其右者。這些也都是她六十年代初期之作。大概因爲是她由眞實生活的熔爐中體驗而昇華得來的詩，才會如此成熟。」⑭體驗帶來創作的衝動，其文思充滿激情，而於得失二字則淡定而從容。故《朶思詩話》道：「在檢驗自身的空性、三昧上，自己是看不見的，但對自己絕對化的要求得到掌聲和讚賞，詩人則會在人生理性領悟和情緒領悟的取向上，漸趨成熟，而淡然放鬆。」⑮陳義芝也指出：「朶思的女性書寫，側重的是自覺，不是盲目抵抗」。⑯在夢幻的破滅後，留下的是眞實。在激情冷凝後，得到的是反思。所以《心靈索驥二》如是說：「爲裝飾神話：約好去暴風雪中／把誓言融化／感情最後一役：／你匕首無血。我匕首有淚。」朶思也是堅韌的詩歌藝術探索者，沈奇分析道：「在朶思，這種對詩歌疆域的拓展有兩個方面。一是由對純粹個體生存困境的拷問，擴展到對整個生存背景以及生態環境的探測，包括社會的、文化的以及自然的。……眞正足以代表這一時期創作成就的，是詩人另一方面的拓展，這就是由對單一女性生命之痛的體驗，轉爲對男女共性的生命之痛的深刻體味與詩性言說，且達到一個相當的深度。」⑰忠於情者必忠於詩。詩人推己及人，化生命體驗爲社會感悟，確屬高尚的藝術境界。社會感悟帶來創作的動力，也帶來創新的動力。體驗成爲朶思藝術生命的根本所在。

類似的，還有龔華——十年前一場大病，讓詩人重拾詩筆，而病房與生命的悲劇意象，也滲透了她的身心。於是，《入冬——寫給母親》說：「不知該把您的照片挂在哪里更爲暖和／床頭書房廚房梳妝鏡前？」而《照片外未結束的草山故事》中，抒情主人翁道：「只有你／聽得見化石紋路裡搏動的心跳／細訴尚未結束的故事」。《不問》表現的，是最深沈的心事：

不問
木棉花的豔紅為何消逝在風中

相似的作品很多，例如《挽歌三首·之二　化塚》說：「禮已成而帷幕未謝／卻聽得／月白洗盡蒼穹」，語感淒婉，意境清遠。又如《在記憶的山頭看你飛翔——紀念詩人大荒》

道：「睡夢中你竟輕裝瀟灑出走／沒有離辭也不帶行囊／連枕邊妻子也無須商量／她懂得你微微含僂的背脊上那對沈默的翅膀／她從此站在記憶的山頭看你飛翔」。詩人把凝重而深切的情懷，表現爲體貼入微的詩意。龔華的詩想出於人文關懷，而達於靈魂最幽微之處。

這種體貼的情懷，也讓我們聯想到陳素英的詩歌《沙漠三》：「有些傷心／像一把鹽／只有直接灑在地上／任由它凝結成灰藍色的記憶」。而《碑林》中，也洋溢著關切與同情：

早起的長安
拓一個明清
拓一個漢唐
拓一個黑白分明的中國
對林立的高僧儒林
面壁思過　三省吾身
鞠上深深的一躬
對江南的地標蘭亭
為優雅的山水情懷

幹上一杯
天黑前
有一方眼神沖了過來
啊！
是魁星踢鬥
已經踢了好幾個世紀了呢！
在夜色前
我喊了一聲「前輩」

那種思緒來自溫柔的天性，表現爲精神的純眞境界。這種境界對於藝術創作，經常構成非常有利的心理環境。心靜，意眞，則文思活潑，心神俊朗，靈感騰越。

詩在情深處，表現眞情比製造仇恨更具有建設性。以同情入詩，而成佳作的，還有談眞寫的《商禽不見了》：「一陣沙風吹來／鳴沙山十萬沙粒齊鳴／你搔搔耳朵 耳內／自鳴器兀自響著／揮走蚊子般揮掉沙粒／接著閉起雙眼／隱身在漫漫沙霧中／（長頸鹿伸長脖子瞻望）／／你踩著平板足上華山／一朵青蓮飛在高峰／上山的路美麗又險奇／生命的渦流懸宕於刀削的峭壁／透支的腳印回到它們的臥榻／嗜睡陳摶何時起身？／那朵蓮開在鼾聲起伏間

／（穿越夢或者黎明到來）／／車窗外瞥見卡其布衣背影／踽踽獨行在仿唐古街／他停下腳步仔細端詳／一隻白磁水滴／仿佛為失散的孩子驗明身份／腋下夾著一疊拓帖／讓詩句在墨香滿溢中飛逸／（用腳思想的人不來了）／唐代仕女好寂寞」。——臺灣十詩人壯遊大西北，商禽未能成行，故有此詩。詩人一邊遊覽名勝古蹟，一邊牽挂著失去機遇的詩友，遂能涉筆成趣，格調天成。同情溫婉，黠慧機巧，似乎是她的抒情特色。所以，《紐約世貿大樓之死·二》很能代表詩人的個性：「那兩棟建築死了／撞擊人心　引爆爭議／趕在日落前登上帝國大廈／按圖索驥尋尋又覓覓／宛如金石盟的一場意外／它終究在自由女神前消失遁形／四面八方攏靠之暮色蒼茫／隱隱約約一縷輕煙隨著／女神火炬隱入天際」。由小見大，由己及人，亦嗔亦喜，妙趣橫生，該是談眞的風格。

最具同情心的詩人，當推劉小梅。她在《從童詩大家到老僧入定——林煥彰兩本短詩集讀後》曾經這樣說：「我個人讀詩抱持的唯一原則，即是『任性』；讀到快意處，不禁擊桌拍膝，甚至可與它同榻而眠。戀過愛的人，應該不會反駁我的說法。」⑱這是一種審美的習慣，同時也會轉化成創造的態度。《刺心（兒童篇）》可以為證，組詩《之六：手帕——為一名「非婚子」而寫》：「爸爸從不回家吃晚飯／每當來時／我總忙於騰出所有抽屜／並且打開全身細胞的門窗／以便收藏他／比領袖文告更難得一見的／音容笑貌」。任性帶來一往情深的關注，而同情和關注，似乎已經成為詩人抒情的主題。張默說：「劉小梅從事廣播工作，主持藝文節目多年，她的所見所聞所思，應比一般人更廣泛深入，對突發的重大事件，具有非常犀利的解剖綜合能力。」⑲而見聞的廣泛，體驗的深切，關注的投入，不僅構成了抒情詩的話題，更塑造了詩人的自我形象。

從藍菱到劉小梅，女詩人的多彩情懷，塑造了「創世紀」的另一種群體形象。「杏花春雨江南」和「白馬西風塞北」並肩而立，相互補充，便成全了創世紀詩社的藝術風采。因此，繆斯的風華，構成了《創世紀詩人論》重要的一章。

中年心事濃如酒，少女情懷總是詩。有情的天地，雕塑了詩壇的精神。豈止創世紀詩社一家，剛柔相濟本來就是詩藝的至道！

附註：

① 《創世紀四十年詩選》（創世紀詩社一九九四年），頁二〇九。
② 李瑞騰：《七十四年詩選》（爾雅出版社一九八五年），頁九一。
③ 張健：《女詩人十一家簡評》，《臺灣詩學季刊》第十七期。
④ 鍾玲：《現代中國繆司：臺灣女詩人作品論析》（聯經出版事業公司一九八九年），頁三一〇。
⑤ 古繼堂：《臺灣青年詩人論》（武漢出版社一九九四年），頁三二五。
⑥ 《馮青詩話》，《爾雅詩選》（爾雅出版社二〇〇〇年），頁二一一。

⑦林燿德：《馮青論》，《新世代詩人精選集》（書林出版有限公司一九九八年），頁五七。

⑧陳仲義：《臺灣詩歌藝術六十種：從投射到拼貼》（灕江出版社，一九九七年），頁一九〇；又：《現代詩技藝透析・瞬間綻放：情景之間的逆挽》（文史哲出版社二〇〇三年），頁一六七。

⑨洛夫：《詩的邊緣》（漢光文化事業公司一九八六年），頁一〇〇。

⑩陳義芝：《從半裸到全開》（學生書局一九九九年），頁一六〇。

⑪陳仲義：《臺灣詩歌藝術六十種：從投射到拼貼》（灕江出版社，一九九七年），頁一三八；又：《現代詩技藝透析・原型：情結與人格的聚焦》（文史哲出版社二〇〇三年），頁一二三。

⑫鍾玲：《現代中國繆司：臺灣女詩人作品析論》（聯經出版事業公司一九八九年），頁二二二—三。

⑬張健：《女詩人十一家簡評》，《臺灣詩學季刊》第十七期。

⑭鍾玲：《現代中國繆司：臺灣女詩人作品析論》（聯經出版事業公司一九八九年），頁二五一—二。

⑮《朵思詩話》，《爾雅詩選》（爾雅出版社二〇〇〇年），頁二一一。

⑯陳義芝：《從半裸到全開》（學生書局一九九九年），頁一五八。

⑰沈奇：《臺灣詩人散論》（爾雅出版社一九九六年），頁二〇八。

⑱劉小梅：《從童詩大家到老僧入定：林煥彰兩本短詩集讀後》，《創世紀詩雜誌》一三五期。

⑲張默：《臺灣現代詩筆記》（三民書局二〇〇四年），頁二六〇。

虹霓效應：世代的光影（從彩羽到楊寒）

海納百川，有容乃大，創世紀詩社可以當之無愧。歷時半個世紀，同仁分佈海內外世界各地，尤其是完成了詩人的世代交替，創世紀詩社遂能囊括華夏子孫的時代感悟。創世紀詩社最初是一個軍中詩社，集中了一群用「血」來寫詩的詩人，因此，他們以社爲家，忘我投入，多方借鑒，不斷探索，能夠從「小」到「大」。

《創世紀》在一九五四年開始了試驗期，試圖提倡新民族詩型；在一九五九年進入了創造期，轉向追求藝術的世界性、超現實性、獨創性、純粹性；到了始於一九七二年的自覺期，詩社主張超現實技巧中國化；而一九八四年以來，詩社在其繁榮期推出大中國詩觀，產生了深遠的歷史影響。刊物改版、觀念更新、隊伍擴大、世代交替，讓創世紀詩社構成詩壇的奇跡。其實意義更加深遠的，還是詩人的世代累積，從而產生了「虹霓效應」。從「三駕馬車」開始，創世紀詩社擁有前行代、中生代、新生代，通過「三世同堂」的詩人結構，讓文學世代之間可以由對話到整合；也讓生命體驗豐富的歷時性，轉換爲藝術感悟深刻的共時性。於是，創世紀詩社生成了文化整合的社會機制。於是，詩人們有機會貫通過去現在未來，整合古今中外詩歌藝術的精華。

創世紀詩社的伊甸園情結雖然發端于「失樂園」的傳說，卻通向了「詩歌天國」的人間打造。從彩羽到楊寒，正是創世紀詩社詩人世代交替的一個縮影。世代體驗的差異性，帶來詩歌藝術開拓與整合交替運作的演化態勢。所以他們的年齡與遭遇，構成了藝術個性中重要的因素。老中青詩人經歷各有不同，但是都能看重存在和藝術，忠於體驗和感悟，讓詩歌成爲生命歷程中最重要的內容。

前行代詩人，以彩羽、丁文智、邱平、葉笛爲代表，他們大多是遷徙的一代，異地寫作的經驗往往會影響創作的風格，他們的藝術追求，讓詩意成爲自由的象徵。

彩羽早在十六歲就有作品面世，詩人在軍校畢業後，經過了二十多年的軍旅生涯，更有近六〇年的寫作歷程，乃是創世紀詩社中元老級人物。彩羽的詩意，是歲月中的年輪。早在五十年代《創世紀》的創刊號上他就發表過一組小詩，而且他在《創世紀》辛勤的耕耘至今已經五〇年了；在六〇年代採取亦仰望亦反思姿態的《秋燼》裡，詩人這樣吟唱：「蒼涼的天空／珠寶商們的天空／被勒在劍鋒和刀刃上的天空／掌紋上的天空，僅僅／只屬於天空的天空／還有這滿庭的菊」；在七〇年代專注傾聽情調以表現鄉愁的《風鈴》中，也曾經有鈴聲回響在讀者思鄉的夢境；而到了九〇年代後，詩人充滿歷史感悟、具有體驗美學特色的《秦俑》則更爲深沉，這首詩的第一節道：

赫赫然。這曾經一度
使我們的關山
白過，而且黑過的，秦王朝的
這許些兵馬，而今，他們
竟而又幽靈般，以一種
扭曲了的形態，藉著泥土，從泥土中
鑽了出來。嗯，這真像是
一陣墓塚的風暴。猶似當年，一夜之間
那四十萬眾
趙卒的亡魂。

作品話語平實，而文思玄遠；文思氣度沈凝，而想象靈動——詩人化熱情為雪意，形成晶瑩的冰雪之氣，其中不乏歷史的感傷，以及軍旅身世的回味。可以對照《冷的方程式》：「喜歡流的／都浮沈在水裡／喜歡飄的／都消失在雲中／我抬起頭來的雙肩把累積的風雨舉高而堆升到／我的髮間／而後／降落到大地／／即成為皚皚的白雪」。張默曾經指出：「本詩的妙處，首在作者所營建的那種一陣緊似一陣淡泊而又輕巧的氣氛，一開頭看似敘述，實則是作者有意的安排，一寸一寸向前推演，並在緊要關頭，讓人達至一種突如其來的狂喜。」①從敘述到象徵，從感性到理性，把身世轉化爲藝術境界。於是詩人在《龍門石窟》的結尾說：

山河未改，伊水悠悠
我佛諸型，已告
支離破碎，損之又損，一臂居西，一腿在東。

這也是詩人無奈心態的傳神寫照，猶如《看雲》：「對於衆山的群嘯，我只好躲讓／胸中唯一的方式，就是——看雲！」啊，「雲」在遠處，鄉思在心頭，所以《橋梁》還這樣說：「內心之中向往的橋梁，並非鋼鎔鐵構／乃系一座，藉用三根橫木跨過溪流，一下山坡／則准可叩響自己家門的小橋啊！」這橋，就在詩人的想象中，創造在夢境裡。

丁文智的詩有一種老辣之美。大荒在《天行健，詩人以自強不息》中說他：「作爲詩人本分，他網羅了詩的能事：登山臨水，社會百態，人生感悟，諷喻詠懷，紛紛來到筆端，大有秋華競媚各具風騷之勢，甚至潛水觀察珊瑚產卵，眞可謂搜盡名山打草稿。」②廣泛的題材，離不開詩人長期的積累。所以辛鬱也說：「老一輩詩人，在人世打轉數十年，嘗遍生活的甜苦酸辣、悲歡離合，經驗的長期積累，自然而然的在詩作中流露生活的各種況味，而使詩的可讀可感性提增。」③請印證《攀登華山》的後二節：

其實
只要我來過　攀爬過　仰望過
就夠了　就如願以償地　夠了
管他還有多少階多少險
攻不攻到絕頂　又何妨

如果腿當真軟到
再無力負荷這身綴滿塵世的臭皮囊
那就先把這滿山的靈秀風姿折疊封緘
然後轉身
反正不做韓愈第二
　是早就在心的裡層設定過了的

由此可見，身世之感乃是他創作的主要依託。詩人創作小說的豐富經驗，讓詩歌中流露一些心理自傳的韻味，讀來分外感人——猶如醞釀多年的陳酒。

這種「老辣」的情懷，在邱平那裡，成爲一種政論、乃至史論的自如揮灑。就像《誤闖三月的燕子》，抒情主人翁舉重若輕，開闔自如：

靠掠取能源壯大的核子訛詐
已然長成八足巨怪——正將它那
超大胃納的超強吸盤向全球伸展
當獅子搶佔土狼的獵物時——它會在乎
旁觀的野狗？而據傳地下油莊決定
邪惡排名代號就是「做掉海珊」

情理結合，濃墨重彩，乃是詩歌藝術的成熟境界。

葉笛也非常看重時光的饋贈。在《憤怒的詩人林芳年》中提到《鐵路》這首詩時說：「詩人已經中年，年輕時的激情在養家活口的苦鬥和社會生活的磨練之下，內斂、穩重起來，才能寫這種沈思的詩。」④對老詩人的分析中，該有詩人自己的體會。他熱衷於「搶救」歷史精神財富，「打撈」被遺忘的詩壇正氣。如《寫在土地上的十四行詩——致郭水潭》：

你底詩燃亮被宿命打倒的土地
你底詩是尋找春天的腳印

乃是爲了讓青年詩人明白，詩意屬於生命，而不僅僅是技巧。這種思想在《呼喚——致前輩詩人巫永福》中，表現得非常明顯：「黑水溝的浪濤洶湧如故／您像徘徊汨羅江畔的詩人／天黑風急四野無人／您泣血的呼喚找不到回音」。

中生代詩人則以辛牧、汪啓疆、落蒂爲代表，他們成長在社會轉型期，其藝術感悟必然會打下動蕩時世的印記。

辛牧詩風質實而渾樸。對於無奈的鄉土人生，他有著深刻的感受。《清明》這首詩說：「有淚／淚灑何處／要哭／哭給誰看」。弱勢體驗，感人肺腑。猶如《飛》的情懷，堅忍又灑脫：

我們還要
飛
棲息，偶爾
嬉耍，偶爾

做一些應該做的
飛
成雙也不一定快樂
不成雙也不一定不快樂

我們還要
飛，不一定成雙
休息，不一定掉光羽毛

這就是人生。人生不易，猶如《雁》的情思：「生命中最難的一個字／人／／雁在無常的天空／反復地寫著一個字／／人／生命中最沈重的痛」。農家子弟，對此最多感慨，有如《看天田》的命運：「除了老天／誰也幫不了忙／／這片土地／是三叔公的頭／光禿，不長一根毛／／只張大口／而叫不出一聲來」。由此，還能看出即物的寫法對詩人頗有影響。

汪啓疆是一位常年在海上生活，從而化大海爲情懷的詩人，他擅長以水手的眼光來看世界。就像《鹽》，海洋內化爲詩人的風骨：「海已遠去／從來不知／一凝固，就能／看到自己／新生的、奇異的形體。大膽的肯定啊／呼吸著我的實質在／白色的，不流動的血液內外／建立了我／小小個體內的豐富與蘊藏，陌生而親切。」這種「內化」，還可以參照《閱讀》：「剛合上一冊詩集的門的窗／出來的我／跟進去的我／不一樣／輕／重／／滋味也不同」。尤其他的《落日眼眸》，道出充滿詩意的「海洋美學」：

落日啊，鳥向你飛去了
邊飛邊落入燃燒裡
是要告訴　未了的飛翔最易摩擦出燙熱嗎？

瀚瀚，那邊是太陽
空曠的大地盡頭是空曠的海
太陽把藍棉被蒙起頭來
像你　睡覺的姿態

太陽睡的地方
總不會有黑夜吧？對太陽來說

會有夜這個字嗎？

或者，他是睡到瀚瀚的小胸脯去了
因為只有在那兒，什麼不可能都是真實的
神話和童話是孿生，可信的

落日啊，眼睛揉著飛向你的
鳥類羽毛 在打呵欠了嗎。明天早點起床啊
瀚瀚要帶著你去學校

這是一位以海洋詩成家的人，也是創世紀詩社中軍銜最高的詩人。張默說：「對海洋題材涉獵之廣，對海洋生活體驗之深，對海洋意象挖掘之烈，對海洋遠景規模之巨，在在均突顯汪啓疆的從容不迫，有備而來，他一絲一縷將諸多不易爲他人省察捕捉的海上視覺嗅覺觸覺聽覺川流不息的風景，一起彙集在他的詩篇中連連發出神奇的光彩，令人雀躍。」⑤最讓我感動的，是《旅者二》說：「霜凍的軀體情怯於孤獨的返航／怕經過赤道／化爲一灘水液／剩幾粒牙齒，在甲板滾動／談論／／家／鄉」；讀來不禁動容。《雁行》的抒情主人翁對飛往紐西蘭、澳洲、加拿大的「雁族」說：「我們說過／一起長大孵蛋的／彼此守護這兒直到老成一團泥壤的／停止聒噪，骨頭每一根都熟悉躺下位置的／雁要離去／臺灣麻雀沈默／哀傷著 明白／意念不斷在往風中飛翔／土地的重量已經愈來愈輕」，同樣是至性至情的血淚文章。

落蒂多年從事教育工作，在詩歌創作的同時也是詩教的積極推行者。詩人以「詩的播種者」爲己任，擅長詩歌作品賞析，著有賞析集《詩的播種者》。由於他的詩作深入淺出，讓筆者見獵心喜，遂以其法賞析他的作品《淒涼》：「打開自己珍藏的詩稿／發現只有無題詩三首／／一首我拿起來／一口一口吃下／／一首拿給妻／爲冬日的生活點火／／另一首／我想，只有寄給你」。這首詩看上去其清如水，品起來其味如酒。「珍藏的詩稿」既然「只有無題詩三首」，其珍貴可想而知。第一首自己「品味」，表明詩意如同精神食糧，爲人生中不可缺少；第二首「拿給妻」禦寒，暗示詩意寄託了溫暖的親情；最後一首「只有寄給你」，那分量可就太重了！體驗友情的同時，我們感受到寂寞的情懷，遂有沈醉之意！以詩歌爲性命，才能寫出這樣的作品。讀者不妨印證《花束四》：「釣客在礁岩上／等待了／一個夏午／終於／一陣海浪／把他釣了下去」。詩人的命運，猶如絕望而不悔的「釣客」。

新生代詩人，以游喚、張國治、侯吉諒、李進文、須文蔚、楊寒爲代表，在某種意義上，可以說他們是「學院」的一代，文化的變遷也直接影響了他們的創作。

游喚學貫中西，曾在多所大學任教，治學的重心是「周易」和「文選」，文學的愛好是詩歌和散文，因其擅長解讀而一直兼顧評論。這學院派詩人擅長以「易」入詩，形成「主體性」的詩學，由此直探傳統意象的原始本源。《渙－修飾身體的人》，讓我們深受啓發：

若身體已亂，他準備修飾
用水加它的體重
用心靈減它的肥
再把空無植入皮膚
不久，擠出一桶汗
加些奇異之菌調配出血
然後放它到陋巷靜坐一段時日

《七行詩理論建構》說：這是「嘗試從易經文化的角度加以探討。」⑥在我看來，本詩其實爲八行詩的「變體」，按易數而論，正好可以兩兩相對，在意象的聯想中形成審美的境界。「渙」之卦象，似乎是身在水中，虛實相間，如日之未出，有待時而動之意，詩人以卦象爲詩的意象並展開聯想，著實令人驚歎。《渙》這首詩表明，詩人心目中「渙」的意象確實很美，有迷人的韻味——像前兩節：「醉于水／醉於風／加起來／即是醉於湖／／有荷花到的湖面／醉于彩虹的滋味／蘇小小與蘇東坡／有六橋的距離／醉于水也即醉於距離醉到足下，醉倒湖面……」西湖的風景，便濃縮爲一個「渙」字。既然甲骨文讓想像同裂紋的空間感同在，鐘鼎文讓意象與文明之火同在，那麼綜合思維也與詩人的審美同在。易經文化的核心，在於意象之間的聯想方式，構成建構世界的內在支配規律。這是「比興」詩學的基礎，也是從駢文到律詩的藝術圭臬：兩兩相對的「隔行掃描」方式，打造了想像的空間。依靠對仗形成的象徵符號體系，構成中國人特有的律詩體驗。這也許是貫通古今詩歌藝術的惟一途徑，在這個方面游喚的作爲，很可能帶來無上的功德。游喚對於漢字的體認，是基於象形，又同聯想結合，暗合了傳統的詩學規範。在此基礎上的推敲之道，遂成爲詩人從美感中把握文字意象的關鍵。請看《刀——贈阿爾泰》：「自阿爾泰手中鑄成的這一把／不用來割與切，只用來象徵／山，可以遺忘／草原是刀的故鄉／／如果有臍帶，刀要切下去／如果有馬的消息，刀要飛／如果有海的呼吸，刀要藏起／水手用刀奮鬥／詩人用刀寫詩／誰，用刀流浪／／自大青山下移植的這把符號／供奉在色彩的王國裡／用天空的白，養它／用草原的青，染它／用黃砂的硬，磨它／用大地的皮膚，擦它／／不忍出鞘／只因象徵是那麼地長」——詩人以「刀」爲核心展開聯想，刀的精神化入詩的風格，遂成就了精美的意象。意在言外的反戰主題，則表現得不即不離，不泥不滯，若有若無，亦眞亦幻。

張國治長在金門，對生活有深刻的體悟。《金門賦別》道：「此後／哎哎兄弟／山遠水長／日落月升／風雨皆寂靜／一海峽隔開兩相望晨夕／懸念一個亙古月色／此後夢渡遙遠／若是詩／便讓鄉愁去吟誦／若是冬夜／我會再去煮溫一壺酒／臨海獨坐／一片天色向海潮」，不僅詩中畫意盎然，而且對人生看得通透灑脫。名篇《一粒米如是說》，更能表達詩人的生命體驗：

我是一顆種子
在覆蓋著苦難的土地
犁鏟下翻過身子，使勁爆開
從上古穿過漫長五千年
從黑暗中還原成
最醇香最堅實的容顏

抒情主人翁表示：「一川稻穀，曼妙多姿／大地就是我舞蹈的舞臺／我們靜靜守望田園最後景觀／不改身世」。古繼堂認爲：「張國治的詩，是臺灣現實社會的一面多棱鏡，它從不同側面和角度，反映了臺灣當前社會的眞實面容。他的這種反映，不是機械式的照相、攝影，而是以批判的目光，選擇特寫鏡頭，在拍攝時，再注入詩人褒貶的濃烈情感。」⑦張國治專攻美術，以繪畫、攝影、視覺傳達設計見長，詩人創作也擅長印象交疊的表現技巧，尤其詩中有畫，是其藝術特色。詩人「從事新詩創作已逾二十載，由於他個人對現代建築、繪畫、雕塑、音樂、攝影等的涉獵，使他於吸納各種經驗之餘，既有抒小我之情的私語，也有歌唱金門島的鄉土建築之美。」⑧例如《帶你回花崗岩島》，就是金門詩抄和素描的合集，有一種珠聯璧合之美。詩人在以詩論詩的《意象注三》中也有「紅頭傻子文生·梵穀畫布上／第一筆焰火一般燃燒的向日葵／你傾聽孤獨／從畫布走出的畫家知道」。視覺化的「影像」詩學，讓張國治的詩歌敘事充滿力度感（仿佛濃烈色彩的鏡像畫面）。

相形之下，侯吉諒則屬於「影戲」詩學。他從八十年代初期開始寫詩，屬於第三代傑出的「城市詩人」，代表了新一代現代詩的創作時尚。他的《重逢》詩中說：「再見面的時候／我們都很客氣／眼睛，不知怎麼了／總是輕輕避開視線的交往／看著窗外／／車輛行人匆忙如常／龐大的欲望來來往往／突然我覺得寂寞起來／因爲你／坐在我對面／／都做些什麼？這幾年？／還不是老樣子。我點點頭／卻看見時間在你眼角的痕跡／只好端起已冷的咖啡／把感慨和歎息吞下／／付完帳出來送你上車／突然有話想說——／但你已擺手搖上窗／計程車飛快離去，只留下／你的背影我很陌生」。詩人娓娓道來，語言非常生活化，敘事輕快有致，其感受卻足以動人。詩中意旨如同古遠清的分析：「老友重逢，本應該給人帶來愉快、喜悅。可詩中寫的這對老友邂逅，彼此並不感到分外激動，相反，雙方非常拘謹，彼此異常客氣，表面上十分尊重對方，實際上各想各的心事，雙方並未因意外重逢而更加親近起來。

反而因對方的存在而覺得分外寂寞。」⑨這正是現代都市社會的典型人生體驗，所以《赤壁車聲》的抒情主人翁會這樣說：

書桌上
擺著一張冷色灑金宣
在燈下
上上下下跳躍著
兩行東坡當年泛舟赤壁的月光
毛筆沿著斷岸千尺的山勢迅速拔升
升到頂點，第三行正要下筆
高處不勝寒哪，強勁的山風
猛然在水面刮起一片洶湧的濤聲
濤聲中
更洶湧的車聲自窗外傳來
刺耳噪音不斷在峭壁與大廈間反彈回撞
驚心動魄的聲勢，順著江水急急飛射

狂辣惶亂的筆法
一路穿過險灘與路口
最後留在廈站的街頭，消失
只留下
一股汽油味濃厚的廢氣如簫聲
漸漸在赤壁上空
我的窗口
飄
散

「詩人似乎在書寫蘇東坡的《赤壁懷古》詞，自然進入了歷史時空，月光彷彿是東坡時代的，歷史的風濤也在他胸中回響。此時窗外的車聲闖了進來，這現代的雜訊完全破壞了詩人清興。詩中表現出對古代豪放詞人的欣賞，對自然之美的向往。用現代的環境污染——噪音、廢氣，做了一個反襯，兩種時空對比，表現出詩人的價值判斷。」⑩侯吉諒擅長時空移位的表現手法，並認為：「詩不再是一種單純的感覺，當電腦與雷射已經改變我們的生活方式，一個生活在現代社會的詩人，怎能依舊放逐自己，在那些風花雪月、虛無吶喊的象牙塔裡，自歎自憐，所以我調整寫作的焦點，對準現代眞實的生活，諸如衣食住行的謀生，人際關係的微妙，城市臺北的繁華，現實的寂寞……並且，更重要的，是嘗試加入更多的理性思考。」⑪於是，詩人的美感經驗的內容空前豐富起來，而且還在新一代詩人和老詩人之間，呈現出一種整合態勢。「在中生代詩人中，侯吉諒集多方面的才具於一身，除詩外，他擅長書法、水墨畫、金石印章之雕刻，均有相當亮麗的成績單。」⑫兩代人的對話、不同藝術門類的結合，都帶來審美的自由境界。

同樣，李進文的《詩觀》認爲：「到現在我仍是一個懷疑論者。……或許有人稱我是『詩人』，但我喜歡自己是一個『寫詩者』，我特別喜歡『寫』這個動態詞，那隱含著未完成和有待進行的意味。」⑬同時，《李進文詩話》則說：「因爲『懷疑』，所以會不斷地推翻現狀找尋夢與眞理。而寫詩者，僅僅因爲他正好『寫詩』，所以用詩的形式去追尋一些他不能理解的答案：或者是，某些狀態亦只有詩才能正確地呼應心靈吧？」⑭詩人有從事新聞工作的履歷，這就帶來一種沈思的習慣，而《大寂靜》這首詩，似乎道出這種心態：

我反復練習什麼都聽，都
不聽。以整座城市的喧囂測量唇和心的距離
當時間遠到我看不見的地方，就站起來

向一無聲的旋律親近，悄悄，如蜂蝶的腳
那裡比你的領口窄、比宇宙寬。我將繼續
一切未竟的探究，在或不在詩中
寂靜將我舉起，放下，吹散……
而一座塔斜倚暴雷、輕搖羽扇
小鬼們被午後陣雨趕進屋宇

在精確與靈動之間，是李進文的藝術天地。他說：「我又重新愛上詩精致堅實的質感，像一顆水晶球握在掌中。我又重新在推敲中品嘗喜悅與沮喪。重要的是，寫詩時靈魂燃燒的滋味，這，只有眞正的寫詩者才懂。這些年來，寫詩，是少數能讓我心思專注的活動，這似乎就夠了。儘管詩在這新世紀中輕飄飄的，但它們落實在我心。」⑮面對生活中的不可承受之輕，詩人選擇了厚重，表現出「創世紀」特有的扎實堅忍做派。

須文蔚也是創世紀詩社的後起之秀，他兼修法律與新聞，乃是網路詩高手，由於長期在高校任教，就多了不少關於教育的體驗。他的詩《引導作文》，類似《長著貓尾巴的鸚鵡》之「缺乏自我的語言系統」的文思，批評教育導致了學生「鸚鵡化」人格：

請用下列詞語寫一篇文章：

現實　想像　理性　思考
龐大　建構　總而言之
我們作文
沒有現實生活的目的性
我們愛好和平，熱血
早已沒有沸點，然而
語言必須激昂
意識必須武裝
老師的朱砂筆看守
我們的想像

我們習慣
以理性壓抑懷疑，悄悄
以屈從建構龐大的雷池
我們愛惜分數甚於誠實，環坐
格言周圍耐心期盼讚賞，反復

觸犯訴諸權威的謬誤
總而言之，我們
被引導作文，我們
被引導信仰，我們
被引導思考。所以，請給我們
制式的迷彩胄甲，再給我們
鸚鵡的舌頭

詩人在《後記》中說：「引導作文是時下國民中學國文考試的一種測驗類型，旨在協助學子提升作文能力。」⑯借助教育感悟，詩人讓教學體驗成爲詩思的源泉，而在「學舌」意象的背後，是眞誠的生存和自覺的思考。

楊寒即劉益州。張默認爲：「他十分珍惜一首詩內在肌理的燦爛形成。／他十分強調一首詩從容不迫的節奏感。／他十分看重一首詩隱喻與象徵的渾然化合。／他十分盼望：一種悠僻，一種神似，以及某些難以抵達的虛實之構成。」⑰他筆下的寒意，成爲一個大時代的傳神寫照。猶如《朔風且寒》所說，溫暖的匱乏，成爲詩意的源泉：

冰風且暴；
縱使我的憂鬱僅是文字的一種遊戲，
英雄依舊存在虛無裡。

「寒」成爲自我命名，成爲個人體驗中發現獨一無二的自我、實現生存自覺的途徑；而《網路另一端的你》，則描述虛擬的「我」：「請看看我去年初夏蓄成的長髮／請看看我爲你哭過、拭淚的手帕／請看看我穿長裙的好看模樣／我是那麼眞實……／你也是」，詩中一切都恍惚不安，生存面臨虛擬化的危機。

這就提醒我們，創世紀詩社的意義，正在於實現了面對危機的生存自覺。穿越半個世紀的時間，跨越太平洋兩岸的空間，創世紀詩社溝通過去、現在和將來，讓民族文化的傳統進入現代，從而告別失樂園、轉而打造以現代詩爲載體的美學境界。

附註：

①張默：《臺灣現代詩筆記》（三民書局，二〇〇四年），頁一八一。

②大荒：《天行健，詩人以自強不息》，《葉子與茶如是說》，文史哲出版社，二〇〇二年。

③辛鬱：《性情中人的性情詩》，《葉子與茶如是說》，文史哲出版社，二〇〇二年。

④ 葉笛：《憤怒的詩人林芳年》，《創世紀詩雜誌》一三八期。

⑤ 張默：《臺灣現代詩筆記》（三民書局，二〇〇四），頁二四三。

⑥ 《戲逐生命 學院詩人群年度詩集一九九七》（台明文化事業公司，一九九八年），頁一二七。

⑦ 古繼堂：《臺灣青年詩人論》（武漢出版社，一九九四年），頁一五九—一六〇。

⑧ 張默：《臺灣現代詩筆記》（三民書局，二〇〇四年），頁二四三。

⑨ 古遠清：《海峽兩岸朦朧詩品賞》（長江文藝出版社，一九九一年），頁三一二。

⑩ 李秀珊：《臺灣新詩與東西方文化精神》（百花文藝出版社，一九九四年），頁一五〇。

⑪ 張默、蕭蕭編：《新詩三百首》下冊（九歌出版社，一九九五年），頁八二二。

⑫ 張默：《臺灣現代詩筆記》（三民書局，二〇〇四年），頁三二三。

⑬ 李進文：《詩觀》，載《新世代詩人大展》，《臺灣詩學季刊》第三十期。

⑭ 《李進文詩話》，《爾雅詩選》（爾雅出版社，二〇〇〇年），頁二一七。

⑮ 李進文：《不可能；可能》（爾雅出版社，二〇〇二年），頁四。

⑯ 須文蔚：《引導作文・後記》，載《新世代詩人大展》，《臺灣詩學季刊》第三十期。

⑰ 張默：《臺灣現代詩筆記》（三民書局，二〇〇四年），頁二八三。

個評

感悟與創造：洛夫的詩歌藝術論

一

人生感悟是洛夫藝術創造的起點。面對著四分五裂的外部世界，他感到自己的身心也同樣支離破碎，就像《午夜削梨》這首詩裡落下的梨皮會使抒情主人翁感到：「啊！滿地都是／我那黃銅色的皮膚」，這正是一種身遭肢解的切膚之痛！在《雪祭韓龍雲》的《後記》中，洛夫提出「詩人本是萬物之化身，死後埋骨深山，每一樹枝，山石，花草，溪流，無不成爲他軀體的一部分。」[1]猶如盤古在混沌中建立宇宙的秩序，詩人在想像中以其氣息化風雲，聲音化雷霆，雙眼化日月，鬚髮化花木，身軀化山岳，血脈化江湖，恰是對洛夫詩藝的一個象徵。化人生感悟爲詩中世界，並以軀體意象表現自己的身世之感，於是不僅萬物造就了詩人，詩人也自如地化身萬物，故詩人是創造者，通過藝術的創造給宇宙一個新的秩序。如同盤古宣告了混沌之死亡，洛夫以他的《石室之死亡》，重建了一個詩的宇宙。

立足於生死邊緣的戰地體驗，使洛夫在其「石室」內參透了詩藝的「初生之黑」。詩人從此建構出詩化的宇宙秩序，即面壁與破壁、遮蔽與敞開、神話與化石、蟬蛻與蝶化一系列富於張力的抒情結構。洛夫認爲，創造詩，也就是創造自我，「超現實乃是破除我們對現實的執著而使我們的心靈完全得到自由，以恢復原性的獨一的我。就這一層次而言，超現實主義不僅在精神上具有超人哲學的傾向，而且在藝術創造上能產生更大的純粹性」②。通過生存情境、抒情心境、藝術語境的自由轉換，他以幻象化的理想性來超越困境中的現實性，從而給詩歌一種創造性的品格。這就像《石室之死亡》第二十一首：「焚化之後，昨日的屍衣從墓地蝶舞而出」，彷彿梁山伯與祝英台，大地裂開之後，「石室」便不再是禁錮生命之所，而成爲抒情主人翁再生之地。

從出版詩集《靈河》，到創作長詩《石室之死亡》，洛夫的詩風由富於音樂性，而轉向雕塑化。若不面壁，詩人又怎麼能破壁而出？《石室之死亡》第三十首道：「如裸女般被人雕塑著／我在推想，我的肉體如何在一隻巨掌中成形／如何被安排一份善意，使顯出嘲弄後的笑容／首次出現於此一啞然的石室／我是多麼不信任這一片燃燒後的寧靜」。這正是一個在悲劇情境中，爲破壁而面壁的創造過程。破壁便意味著「石室之死亡」。詩人化歷時性的情境爲共時性的心境，完成了對自我人格的再雕塑。在《石室之死亡》這首長詩裡，生命乃是「一隻未死的繭，一個不被承認的圓／一段演了又演的悲劇過程」，故從「初生之黑」開始，到「屬於雪的」死亡意象之間，人生「或許正是那朵在火焰中活來死去的花」。領悟了這一點，「囚於內室」的詩人，「乃從一塊巨石中醒來」，抒情主人翁「驀然回首／遠處站著一個望墳而笑的嬰兒」。詩人參透生死，面壁破壁，於是《石室之死亡》象徵了他的新生。意象語言是對人生情境的遮蔽（故事居於隱喻的幕後），卻也是對個人心境的敞開（抒情成爲藝術的焦點所在），其中關鍵，就在於詩人是否擁有人性化的藝術語境。《石室之死亡》的重要性，在於它是這一語境的奠基石，洛夫從中找到了自己心中「宇宙的秩序」，遂能因內及外，有多方面的施展。

洛夫的詩歌藝術，在於運用想像力創造出一個不同於現實的世界。他以遊戲的法則，來取代社會規範。抒情主人翁放棄人格面具，便可以超越正常的秩序與規範想落天外，視通萬里，從而以理想來取代現實，展示詩人所嚮往、所追求的未來世界。在《李白傳奇》這首詩中，抒情主人翁對李白說：「你是海，沒有穿衣服的海」。在意象世界中，抒情主人翁敞開心扉，所以詩人說他「沒有穿衣服」，甚至「肌膚碎裂成片」，而綻露出最深層自我的本相，宛若醉中言語，全無遮攔。

遮蔽與敞開兩分，暗示了情境與心境的差別。遮蔽情境意味著超越現實，敞開心境意味著追求理想，給讀者一個想像中的自己天地。於是，抒情主人翁像洛夫《裸奔》中「胸中藏著一隻蛹的男子」。詩人還特意在《無題四行》中說「喜見自己赤裸如墨」，亦即令語境在遮蔽的同時敞開。這正是不假語言概念，通過直覺來感悟人的性情。創造性的語境，是需要以想像力來加以把握的，那是一種活潑的心智遊戲，可以使人們在無意中進入一個解衣般礡、掉臂自如、馭風而行的藝術境界。洛夫詩歌藝術的魅力，其實就在於他向我們展示了一個超越性的幻象世界。這幻象世界是以想像中的多種可能性來超越現象性，從而寄託了詩人的嚮往，表現了他的審美理想。

洛夫的審美理想，又表現於詩中的「化石之思」或者「神話之夢」。「石室之死亡」意味著石頭是要變的。在《巨石之變》中，洛夫曾說：「我是火成岩，我焚自己取樂」；在《釀酒的石頭》中，他又說：「石頭……會釀出酒來」。石頭本是冰冷不變的無情之物，酒則令人激情似火、靈感如泉，石與酒本是物之兩極，化石爲酒則石已非石；而文如飯、詩如酒，本就是詩人們常常談起的話頭。「化石之思」意味著改變現狀的願望，「神話之夢」則是這一願望的進一步展開。是以從《外外集》之後，洛夫便走向了象外之象，去尋找神話樣的語境，抒情主人翁遂在詩作《水聲》中提議：「我們趕快把船划出體外吧」。詩人面對著超越性的神話，也就在《月問》裡發現：「你的前額往下伸展而成一種孤絕／抓住軌道亦如樹之抓住年輪」「軌道」是最外在的，「年輪」是最內在的，二者在「回旋」的詩思中通過，「化石之思」也就指向了「神話之夢」，令「前額往上伸展」。高處不勝寒，外在與內在的詩思都是「孤絕」的境界。洛夫說自己「腦子裡下著雪」，而且還「眼中升起一縷孤煙」如《清苦十三峰》，詩中那樣一種與衆不同的思路，化外在的爲內在，又化內在的爲外在，正所謂「反常合道」。詩人曾經在《欲飛之掌》中說，「飛的意念」使他全身之「水」流向了「雙掌」，「這正是化火焰爲翅膀的第一步」。似可解，又不可解。乃打機鋒，以感悟入詩，言在此而意在彼，「表現出一種來自現實而又超於現實，既不可盡解而又圓融可以感悟的詩境」③。言不盡意，詩在變化的語境中，故詩人是創造者，因其多變而有其發展的前景。

用洛夫自己的話來說，他的種種變化也猶如蟬蛻與蝶化。從《靈河》到《石室之死亡》，再到《魔歌》，風格的變化反映了人格的發展過程，正所謂內容與形式的統一。由內及外，食人生之桑，吐身世之絲，作繭面壁，化蝶飛翔，抒情主人翁遂在《與衡陽賓館的蟋蟀對話》一詩中風趣地說：「什麼？脫了數十層皮！……我嗎？只剩下最後一層／不敢再脫」，而他自稱「一度變成繭的蠶」，亦表現了不斷蛻變的自我意識。蠶在繭中，遂能「以雪中的白洗滌眼睛／似雪中的冷凝煉思想」，可以「以語字熔鑄時間」，而語言即是「欲飛的蝶」。內與外、重與輕、黑與白、石與水等等，都是詩人心目中宇宙秩序必不可少的內容。

洛夫創作《石室之死亡》，歷時五年之久；而寫《長恨歌》，則幾乎是一夜而成，除去創作心態上種種偶然因素外，營構「蠶繭」的苦心推敲同「化蝶」之後的隨心揮灑，該是一個極重要的差異。一旦完成了對藝術世界宇宙秩序的設計，表現詩人對白居易《長恨歌》的感悟，實已並非難事。詩人在蛻變中顯示了創造者的本領，那是一種不斷創造、不斷追求的勇氣和智慧。

二

洛夫從容地行走在「神話之夢」與「化石之思」中間，使西方的超現實主義與東方禪家的美學得以結合，在創作中達到一種超越性境界，即通過非此非彼且又亦此亦彼的感悟方式，在詩歌語境中凸顯感性與知性的二重性。《莊子》中有「以指喻指之非指，不若以非指喻指之非指」之說，洛夫以此語爲《截指記》的題記，笑問周夢蝶：「若以非指之指指月如何？」於是在這首詩人戲贈周夢蝶之作中接著周夢蝶（你）切去十指以還詩債的情節，說：周夢蝶（你）——突然長身而起，跑向街心／你以無指的手指指著月亮／笑曰：幸好那裡還留了一篇。這當然是一個玩笑，然而手指確實不是所指。洛夫所言與禪家所謂「言語道斷」異曲同工：六祖慧能也曾經以手指來比喻文字，說手指可以指出明月的所在，但月亮卻不在指頭上，看月也不是非得透過手指。以禪喻詩，此說最妙。洛夫則隱喻俱胝禪師的一指禪，所謂「天地一指也」。童子依樣葫蘆，被俱胝禪師截去一指，童子遂開悟。因爲手指非所指，悟性從體驗中來，而拒絕邏輯的解釋。詩思近於禪思，要避免直接淺白的分析，借悟性來解放心靈。想像力即是無指之指，指出彼此又非此非彼，因而是自由的。鈴木大拙說過，

「模仿不會有禪，更不會有絕對肯定。絕對肯定存在於個體的經驗之中。童子的開悟就是從機械轉向了自己的眞實具體的經驗。而經驗又是人人都具備的。這樣說，絕對肯定也就從來沒有離開過我們了。」④當手指變成指月，想像力的參與就使行爲從模仿轉向了創造。

有「非指之指」，有「指之非指」，感並不是悟，悟又離不開感。洛夫的感悟方式，是頗近於禪的。感悟兩分，又讓人們了解他的詩中所指。其實意象語言本就不同於日常語言，在日常語言中，「能指」所代表的「指示層次」和「所指」之包蘊的「內涵層次」相互對應，因而理解力可以伴聽覺步步展開；抒情詩言不盡意，就是說「能指」包容不下「所指」，「內涵層次」在支配「指示層次」，因而它才「不落言詮」。那「內涵層次」本是不可說又說不盡的，於是「詩歌語言成爲一種特別強化了的語言，能指作爲所指在起作用，語言通過自己內在的規律發揮作用，適合並反映自己的本質」⑤。如果說手指是「能指」，而月亮是「所指」，那麼詩中的「手指」便與「月亮」同在，感性便與知性同在，於是《月光照在鹽田上》遂令此岸與彼岸同在，一方面是通感與幻覺造成了感覺的千變萬化、印象的落英繽紛；一方面是以彼岸寫此岸，借內蘊說表象，見到樹便由根說起。如果你發現了月亮的「所指」，發現了鹽的「所指」，也就會發現「鹽／原來是跟著月亮從海底／游上來的」，從而意識到意象所指——當千秋月色照亮泱泱詩國，靈感之風吹來，鹽田之鹽便化作詩中的言語，乃是心靈深處的生命體驗。洛夫的感悟往往就表現在一種對深度的追求中，從而造成二元對峙的審美心理結構，抽象中有具體，具體中有抽象，以感性之舞來映照其知性之悟。

在詩歌的結構重心從「能指」轉到「所指」之後，詞與詞的關係就發生了變化，猶如樹冠與根系的對應，詩人的隱喻指向具有多種可能性的幻象世界，孤絕的風格就造成一種共時性的整體效應，使詞語集結於抒情主人翁周圍。幻象章魚般伸出七手八腳，大家相互擁抱，組成立體的空間，而詩的心理場便與主觀世界的知覺現象場發生了重合。

感與悟如同詩人的雙掌，手法雖然有異，其心則一以貫之。洛夫的詩法雖近於李白、李賀、李商隱，他的詩心卻與杜甫頗爲相像，在感性之舞和知性之悟中，包含了一種史詩的意味。詩人之感指向悟，卻又不同於悟。詩人指著月亮，即便月已圓，人並沒有團圓，月華畢竟在天上，人心中只有詩，只有「千年寒玉」。在洛夫筆下，那語言的舞蹈雖說很美，他的感悟卻是很悲涼的。

三

感性之舞和知性之悟的重合，使洛夫詩藝的語言可以因內符外、因難見奇、因法證道，產生一種縱橫交錯的美感。近年來《隱題詩》這本詩集，恰是其感悟傾向的自然流露。對於洛夫，縱橫交錯不但代表著一種語言風格，它還體現了詩人自覺的藝術追求，甚至揭示出他的審美理想。

因難見奇，自是洛夫歷來的語言風格。詩人本就好奇，他說自己寫隱題詩的動機是來自一首「天地會反清復明詩」，其實不然。我總疑心《車上讀杜甫》才是隱題詩美學上的主要依據。那一次古今交錯的對話，必定令人深受啓發，所讀杜詩《聞官軍收河南河北》，又恰是一首律詩。很顯然律詩之美並不僅僅在於意象集聚，而且與文字的縱橫交錯，實在是有著很密切的關係——一些看上去相當平易的言語，由於對仗的句式而相互映照，便平空產生了許許多多的比喻或聯想，表現出結構所特有的藝術魅力；而格律的限制，也促使詩人們慣於在律詩的規範裡自由地超越散文的格式，以復調式的意象來取代單線條的語法。結果是，洛夫可以自由地發揮其創造力，以隱題詩的格局去模仿律詩結構，凸顯單字的分量。如《行到水窮處，坐看雲起時》：

行色匆匆卻不知前往何處
到了路的盡頭耳邊響起破鞋與河的對話
水中他看到一幅傾斜的臉
窮困如跳蚤
處處咬人

坐在河岸思索一個陌生的句子
看著另一個句子在激流中逐漸成熟
雲從發髻上飄過
起風
時，魚群爭食他的倒影

以藏頭詩的形式寫詩人如何成功於憂患。洛夫說是「贈王維」，亦是讀王維。古人的詩句孕育出今人的詩句，於是讀詩彷彿臨鏡自照，必須細品，只要有靈感和悟性，詩之道便在心中縱橫交錯。追求詩的耐讀性，又讓復調的意象扭曲了單線的語法，即以「共時性」的建構來削弱「歷時性」的敘述。洛夫善用比喻來破壞讀者線性推進的思路，成就一種偏於「共時性」的意象結構。

隱題詩的背後是詩人因內符外的追求。創作中他的藝術想像，總離不開當下的心境，隱而又顯，情文互生，縱中之橫在於情。因內符外便使心境與悟境相通，有內在的整體性與外在的陌生感。洛夫的詩法縱橫交錯，趨於削弱語法制約而擴大意象密度，也正是爲了加大想像的力度，強化詩句的張力，從而在對話情境中創造融會貫通的語境。他認爲：「隱題詩的整體藝術生命，完全係於預設的標題，凡以意象精緻生動而又意蘊豐富的詩句用作標題，這首隱題詩的精彩大致可期。事實上每首隱題詩的內涵都是標題詩句的再詮釋，原有含意的衍生與擴展」⑥。

因內符外，便內外合拍；人詩對話，遂物我兩契。洛夫神往於莊子《大宗師》中的「眞人」。「眞人」一切都任其自然，也就超凡脫俗。因爲詩人不循常人之軌，便超越了時間上空間上的局限，「傲然而立」，可以去追求自我實現的精神境界。在隨遇而安的抒情主人翁背後，有一種高揚遠舉的藝術精神，把生命力、創造力、想像力注入詩中。所以忘我之時，也就是會心之時；悠閒之處，也就是超越之處。

洛夫因寫詩之法而證人生之道，「縱橫交錯」也就意味著對「眞我」進行一種文化學的時空定位——詩人自覺地「站在『橫的移植』與『縱的繼承』交叉的座標上」，兼顧現代的時間性與東方的空間性，「以天地爲心，與萬物同命」，「不願使自己局限於某一特殊思想界域」，而追求「文學史」上的更大價值⑦。洛夫的論詩之詩《談詩》認爲，詩歌藝術離不開人生感悟，而且想像力便脫胎於生命力。洛夫的詩歌藝術並非專走偏鋒，而是趨向於整合，趨向於成爲古今中外詩歌藝術的集大成者。在某種意義上，是零散化的歷史情境強化了洛夫詩歌藝術的整合意向，他的詩作中的張力來自技巧，也來自於充滿凝聚性的華夏民族文化精神。所以在他的比喻和聯想之中，隱藏著「眞我」自我超越的人生之道。詩人透過意象去直觀理想，創造力就表現了意志力，想像力就高揚了生命力。

在洛夫詩中展開的聯想網絡，又正是一個縱橫交錯的幻象世界；而「眞我」作爲抒情主人翁的精神境界，又象徵人性之謎，代表了詩人的人格理想。在某種意義上，隱題詩表現出注重整合的藝術精神，它以其「縱橫交錯」的殊相，體現了洛夫藝術個性的共相。詩人從湖南到台灣，又從中國到加拿大，漂泊的身世之感剛好契合了他那注重整合的詩學，且又表現了一種「移民」的文化心態——在陌生的環境中，實踐產生決定心理結構的內在支配規律，對於文化傳統的記憶構成重要的「子系統」，與適應外界的新鮮經驗相互參照，正所謂「縱橫交錯」，在文化整合的發展過程中成就了「切身的美感」，立足於感悟，著眼於創造，頗能體現二十世紀的中國藝術精神。

附註：

①任洪淵編《洛夫詩選》（中國友誼出版公司，一九九三年），頁一〇三—一〇四。
②《洛夫自選集》（台灣黎明文化公司，一九八一年），頁二四〇。
③盧斯飛《洛夫余光中詩歌欣賞》（廣西教育出版社，一九九三年），頁五一。
④鈴木大拙《禪者的思索》（中國青年出版社，一九九一年），頁四五。
⑤特倫斯・霍克斯《結構主義和符號》（上海譯文出版社，一九八七年），頁七〇。
⑥洛夫《隱題詩》（台灣爾雅出版社，一九九三年），頁一七。
⑦洛夫《詩的邊緣》（台灣漢光文化公司，一九九九年），頁七九、一五三。

詩與真：瘂弦的體驗

瘂弦之詩，因其眞，所以美。

那詩與眞，是來自他悲劇性的生命體驗。柏格森在《形而上學導言》中說過，「內在生活」亦即生命體驗，「可以比之於線團上之線的不斷繚繞，因爲我們的過去緊隨著我們，它會隨著獲得它的道路上的一個個的現在而不斷地擴大，從而意識就是記憶。」①這記憶，正是詩的根源所在。

詩人青春期身歷的苦難，有如拉康所謂的鏡像原型，構成自我感覺，並且訴諸想像，成爲一種反復搬演的心理戲劇。即便他「金盆洗手」不再寫詩，那主持《聯合報》副刊時「探索眞理、反映眞相、交流眞情」的辦刊宗旨，亦足以展現瘂弦崇尚「眞」的價值觀念；而且「一日詩人，一世詩人」之說，也就表現爲愛詩與求眞之心的不可分割。

是的，詩人永遠關注生存的眞理、生命的眞相、生活的眞情！在《瘂弦詩集》中，似乎那些寫歐美等海外題材的作品較偏重於生存的眞理；那些寫人物等素描題材的作品較偏重於生命的眞相；而《遠洋感覺》等海洋題材的作品，更注重抒寫生活的眞情，這首詩的抒情主人翁由於「暈眩」而感到：

腦漿的流動、顛倒
攪動一些雙腳接觸泥土時代的殘憶
殘憶，殘憶的流動和顛倒

這感受不僅新奇，而且眞實、準確、深刻；還有在《死亡航行》中，「燈號說著不吉利的壞話」；以及《船中之鼠》所謂「船長不知道」的「礁區」，都使我們聯想起《詩經》中「如臨深淵，如履薄冰」的古老意境。這正是一種不同於「高峰體驗」的「深淵體驗」，頗多幻滅之感。瘂弦的名篇《深淵》，恰恰描述了人生中的無意義狀態。在這裡，眞理、眞相、眞情，該能代表詩人心目中的「世界終極學」，從而使知性立足於感性的眞實，使存在敞開於「眞實地感覺到自己的不幸」，生命體驗的詩意便歸結爲眞實的感性。

瘂弦曾經指出：「早期『創世紀』創社的詩人幾乎清一色是軍人，他們來自戰火硝煙的年代，作品中所表現的是災難歲月的悲情，文學，對他們來說是淚的印記、血的吶喊。」他自己當然也不例外，如其所論，這樣一群「饑饉邊緣的戰火孤雛、喪亂之年的流亡少年、當兵吃糧的小小軍曹或低階軍官，……有的只是永遠走不完的、通向茫茫天涯無限綿長的坎坷道路。而他們每個人的背後，幾乎都有一段悲情故事，這眞實的生命體驗，成了他們最大的創作資源。」唯其如此，詩與眞不可以分割，乃是對人生深探切的感受：

這批在戰爭火浴中成長的詩人用血來寫詩，他們作品表現的是被戰火蹂躪的親身體驗，是對戰爭強烈的控訴和批判。這些四〇年代戰亂時的失學青年，很少有人受完大學教育，他們的寫作，不是來自學問，而是來自生活，不是依仗分析的深度，而是依仗感覺的深度；除了感覺，他們沒有別的，他們是從感覺出發的一群，是不折不扣的「草莽派」。②

眞切的生命體驗，執著的藝術追求，正是這些詩人的藝術生命力之所在。歷經血與火的「洗禮」，才鑄造出太眞實、太深刻的詩魂。在瘂弦，從感覺出發，也就是立足於生命體驗。是體驗決定了詩意的氛圍，使生命力、創造力、想像力渾然一體，因爲生命就是人生，亦即詩意之所在。在歷史的進程中，人生留下了「一部感覺的編年紀」，就像是《從感覺出發》這首詩，讓我們在「回聲」中面對活生生的個體感性存在。奧登說「活著常常就是想著」，同樣感覺著常常就是體驗著，並且通過體驗來直覺生命的本體，通過回憶來重現親歷的人生。抒情主人翁告訴我們：

這是回聲的日子。我正努力憶起——

究竟是誰的另一雙眼睛，遺忘於
早餐桌上的鱘魚盤子中

那出生入死的過去「何其可怖」，詩人只能穿行「在影子與影子之間／在訣別與遇合之間」，去品味「沾血之美」，去傾聽「冷冷的蝴蝶的叫喊」，於是詩意「自焦慮中開始」，如噩夢「在床單上顫慄」……於是詩人宛如「一個患跳舞病的女孩」，爲「沾血之美」服役，亦即「在低低的愛扯謊的星空下」道出眞相，而眞理本不是「假的祈禱文」：

這便是我，今年流行的新詮釋
僅僅為上衣上的一條絲帶
他們把我賣給死……

而眞情永遠與眞理同在，詩人「光榮的日子，從回聲中開始／那便是我的名字，在鏡子的驚呼中被人拭掃／在衙門中昏暗／再浸入歷史的，歷史的險灘……」面對歷史的眞相，抒情主人翁在沉痛地控訴：「當蝴蝶在無花的林中叫喊／誰的血濺上了諸神的冠冕？」瘂弦是以血來寫詩，是以「沾血之美」爲其藝術追求，才在悲劇性的生命體驗中，成就了自己的藝術個性。似乎有一種近於強制的記憶，時時在迫使他去投身於創造，去努力表現「災難歲月的悲情」。面對死亡的「另一雙眼睛」，實在是屬於一種血淋淋的過去！

在絕望、痛苦、憂鬱和不幸中，詩人面對「深淵」，感悟詩意，從事體驗，進入夢境，乃是以心靈的深刻來回應生存的淵藪。體驗不是別的，它本就是暗夜中悟性的光輝，因而深淵體驗與高峰體驗，也必定會相反相成。有如瘂弦所說：

> 一個沒有妻子的詩人會在詩中寫出一位新娘來。詩，有時比生活美好，有時則比生活更為不幸，在我，大半的情形屬於後者。而詩人的全部工作似乎就在於「搜集不幸」的努力上。③

「大半」即非全部，詩人並非鍾愛「不幸」而是忠於體驗。是深淵體驗帶來了「不幸」的抒情氛圍，那是一種個性化的創作心境，有如筆名「瘂弦」之來自於他喜歡拉二胡的那種瘂瘂的聲音，乃是習慣成自然。「搜集不幸」，造成現實感與身世感的共鳴，更便於個人全部生活感受的盡情傾吐。問題是娶了「新娘」之後，原本「沒有妻子」的那位詩人該怎麼辦？景無情不發，無論一身之休戚，還是一時之否泰，總是詩窮而後工！我們知道，一九四九年瘂弦十七歲時隨軍到台灣，一九五一年前後開始寫詩，一九五二年開始投稿，一九五三年正式發表作品，一九五四年加盟創世紀詩社，在「搜集不幸」的深淵體驗中從事詩歌創作，並在詩壇上產生了強烈的影響；大約一九六六年左右他不再寫詩，而且很有意思的一點，是在一九六五年與張橋橋女士結婚（似乎詩人是因其離家而創作，因其成家而封筆）——若說婚禮還不算落幕時的掌聲，那麼在話劇《國父傳》中成功地飾演了孫中山先生，應該相當於瘂弦藝術探索中的最後一首壓卷之作……而在同年當選了台灣年輕人夢寐以求的「十大傑出青年」並且獲頒金手獎，無疑會給瘂弦帶來某種高峰體驗。高峰體驗可以令詩人不再寫詩，其重要性非但並不亞於深淵體驗，反而更加凸現了生命體驗對於瘂弦詩歌創作非同尋常的意義。在我看來，瘂弦的詩歌創作及其中止之謎，都可以在兩種不同的生命體驗中得到解釋。深淵體驗是悲觀的，詩人因其悲觀的心境而得以超越生活；高峰體驗是樂觀的，詩人因其樂觀的心境而自然返回生活。作爲一種終極體驗，高峰體驗向人們展示了完美的自我實現境界，使詩與眞、美與愛、追求與實驗，構成了一個渾然的整體。從不幸走向幸福，人生的悲劇性便轉換爲生存的快樂。詩人遠離了昔日熟悉的創作心境，遂感到遠離靈感。

雖然他也許不再寫詩了，但他靈魂深處永遠有詩，永遠覺得自己還是個詩人。這是對這個事情太敬畏了，我對寫詩就好像是永遠不敢打開那包初戀的情書再看一樣，我不敢再提寫詩的事情。④

瘂弦曾經如是說。詩作彷彿是他婚前「初戀的情書」，然而愛情卻實在是永恆的。事實上，話劇《國父傳》和詩歌《印度》，都是他的得意之作，又都立足於高峰體驗，表現出一種對於存在執著的信念。在這裡，不再是小人物無意義的人生，偉人的意象以其眞實的人格，象徵了現代人崇高的理想！話劇本來是一次性的藝術，我們已很難感知當年《國父傳》演出的盛況。大體上飾演孫中山這樣的偉人，體驗該比演技更加重要。《印度》一詩，則是瘂弦在讀了《甘地傳》之後有感而發，與《國父傳》的表演相比，雖有詩與劇之別，卻各有所本，又都旨在演繹一種民族精神。《印度》一詩處充滿了愛心與親情。

馬額馬啊
用你的袈裟包裹著初生的嬰兒
用你的胸懷作他們暖暖的芬芳的搖籃
使那些嫩嫩的小手觸到你崢嶸的前額
以及你細草般莊嚴的鬍髭
讓他們在哭聲中呼喊著馬額馬啊
令他們擺脫那子宮般的黑暗，馬額馬啊
以濕潤的頭髮昂向喜馬拉雅峰頂的晴空
看到那太陽像宇宙大腦的一點燐火

自孟加拉幽冷的海灣上升
看到伽藍鳥在寺院
看到火雞在女郎們汲水的井湄
讓他們用小手在襁褓中畫著馬額馬啊

本詩《附記》說是：「印人稱甘地爲馬額馬，意思是『印度大靈魂』。」詩人從甘地懷抱嬰兒寫起，乃是藉著父愛的聯想，來表現偉人的意象，那眞實的人格遂化爲民族精神的境界。於是詩歌也像戲劇，有如電影鏡頭運用下的視野展開，我們可以直覺到生命的不盡之流，內在生命似乎也變得純淨而透明，使一瞬間便成其爲永恆，是意象，是詩意，亦是生活本身的言外之意，充滿了感性的魅力……那境界不僅是詩中有畫，而且還有音樂、有戲劇，更有一種籠罩一切的氣勢，這自然要歸功於體驗，也包括戲劇體驗。

畢業於影劇系並熟悉中國戲劇史，乃是詩人瘂弦得天獨厚之處。這種專業修養，使他可以自如地運用戲劇性的獨白與旁白，甚至從京劇的對白到地方戲的腔調，均能化入詩中的聲口。他又長於創造語言的程式，並在作品裡出入往來於角色之間，《瘋婦》中的「我」，依稀流露詩人的體驗：

我的眉為古代而縐著

正經的綰著
我不是現在這個名字
父親因雅典戰死，留下那灰髮的女兒
是的，你們笑，該笑。我就是那女兒
我不是現在這個名字

她也是「一個患跳舞病的女孩」？情緒記憶自動地參與創作過程，於是，戲劇體驗成就了詩歌語言的魅力。詩人沒有濫調，那語言形式上的美感，實在是從體驗裡生發出來，例如《巴黎》詩中的句子：「去年的雪可曾記得那些粗暴的腳印？上帝／當一個嬰兒用渺茫的淒啼詛咒臍帶」，固然其中包含了存在主義的哲學意味，那語感卻提示我們不僅要關注生活的戲，也要在抒情主人翁的獨白中發現內心的戲，了解其心理活動的豐富內容，在設身處地的體驗中去領悟詩人的潛台詞。柏拉圖曾經有口不應心、文字遠離體驗的看法，其實意象中自有生活的幻覺，幻覺中自有生命的體驗。藝術的美感離不開精神的實感，所謂「不像不是戲，眞像不是藝」，亦眞亦幻，「詛咒臍帶」正象徵了「沾血之美」。詩人從體驗出發，抒情主人翁遂在想像中進入了規定情境，口裡說的便是心裡有的，絲絲入扣，眞實感也就在情緒記憶中孕育出來。在這裡，嬰兒的淒啼代表了不幸的人生，相當於《無譜之歌》中「用血在廢宮牆上寫下燃燒的言語」，心心相印的角色中，處處不離瘂弦的本色。

影劇均爲綜合藝術，戲曲在表現基礎上達到了最大的再現，電影則在再現基礎上達到最大的表現，鏡頭組接化知性爲眞實的感性，頗近於現代詩的思維方式。《一般之歌》正是如此，《如歌的行板》亦是如此，通過聯想的律動，在貌似不動情的再現場景中，詩人質疑了「常人」有問題的生存方式。在瘂弦詩中有戲劇演員的藝術，也有電影導演的藝術，他以寫詩爲心靈工程，極看重札記的寫作，這相當於演員理解角色的案頭工作，與投入悲劇角色的自我體驗相輔相成，遂自有一種獨特的神韻風采。詩人認爲好作品大多由經營而成，在經營過程中需要調動其感情歷史中的生活積累，而且朗誦在寫作過程中，也是一種十分重要的經營手段，唯其如此：

> 我寫完一首詩，常常要唸上很多遍，覺得順口了，才罷手不改。我常常在口語的基調上，發展一種文學的語言，這比從文學出發要鮮活一點。⑤

潛移默化融會貫通，舞台藝術的語感生動了詩歌語言，因順口而順心，在直觀的視覺意象中會自然地強化回憶、幻想、夢幻等等心理活動內容。只有從體驗出發，才能避免詩歌語言的定式化。是生命體驗決定藝術形式，意象語言的節奏、韻律，必須契合高揚生命力的心靈舞蹈。「世界終極學」便在創造與想像中；眞力彌滿、萬象在旁的自由境界，也就來自於生命體驗！現實感與身世感的相互印證，使瘂弦詩中有「美」、詩中有「思」、詩中有「力」，那「沾血之美」，有深度，也有力度，它正如《深淵》所謂：「以夜色洗臉」。那「夜色」便是來自《戰神》中「很多黑十字架的夜晚」，又是出於《京城》中「荒古的回憶」，以及在《紅玉米》中一連串用「猶似」領起的往事，它「在記憶的屋簷下」：

好像整個北方
整個北方的憂鬱
都掛在那兒

詩中充滿眞情，體驗便化作博大的同情心，於是北方家園中內地人物生命的眞相，就成爲詩人的參照系，可以用來揭示外國城邦裡現代都會生存的眞理，從而以過去、現在、內地、海外構成一個精神的十字架，一種在生命體驗中呈現出來的藝術世界……

在深淵體驗中攀登藝術高峰，使瘂弦深深會心於戴望舒的詩作《獄中題壁》、《我用殘損的手掌》等等，如：「無形的手掌掠過無限的江山／手指沾了血和灰，手掌黏了陰暗」，正是富於體驗的言語；而瘂弦自己的藝術追求，也因其理想近於「一種樸素的、堅實的、本眞的新詩美」，而得到了大陸上九〇年代前衛詩人的認同⑥。有如陳超所說，這些詩人「在經歷了將詩歌對象化階段後，轉入了將個體生命對象化。生命在詩中成爲一個不斷分裂的過程，詩人在不動聲色的描述中充滿了內在的緊張感。與西方現代主義詩歌不同的是它不是拚命抓住漸漸消失的自我，而是平靜地審視自我；中國傳統哲學性格中的『天人合一』，在這裡被發展爲話語與自我生存的狀態合一。這是中國式的生命體驗。」⑦我們由此可以得到某種啓示，見出瘂弦在中國現代詩發展進程中的承先啓後作用，見出生命體驗在詩人藝術創作中必不可少的重要意義——生命和語言的同一，即是瘂弦詩藝的價値之所在。

附註：

①〔法〕柏格森，劉放桐譯：《形而上學導言》（商務印書館，一九六三年），頁六。
②瘂弦：《創世紀四十年評論選・創世紀的批評性格》（創世紀詩雜誌社，一九九四年），頁三五五—三五六。
③瘂弦：《中國新詩研究》（洪範書店，一九八七年），頁四九。
④李瑞騰、瘂弦：《靈魂深處永遠有詩意躍動》、《台灣詩學季刊》第十期。
⑤瘂弦：《瘂弦自選集・有那麼一個人》（黎明文化事業公司，一九七七年），頁二五三。
⑥沈奇：《詩儒的創造・對存在的開放和對語言的再造》（文史哲出版社，一九九四年），頁三八二。
⑦陳超：《生命詩學論稿・生命的意味和聲音》，（河北教育出版社，一九九四年）頁二二三。

面對「空間」的超越者：商禽論

超越者的詩，以超現實的眞實，展現一種陌生而又新鮮的自由境界。它來自痛苦，來自詩人的人格力量。

商禽對於超越性的追求，卻表現爲自覺的「逃亡」姿態！在《〈夢或者黎明〉增訂重印序》中，他說過：「回想起來，過往的歲月彷佛都是在被拘囚與逃亡中度過。」詩人本名羅燕，十五歲在成都街頭被拉伕，一路上行經兩廣、兩湖、雲貴川諸省，其間逃亡有七、八次之多，終於未能回家，而隨拘捕與囚禁他的軍隊到了台灣。「由於城鄉距離的縮短以及語言的不適應，人的軀體已失卻了逃亡的機會，我只能進行另一種方式的逃亡：從我一個名字逃到另一個名字。然而，我怎麼也逃不出自己，……一個人之爲內心所拘囚確是夠悲哀的。」①這種「拘囚」與「逃亡」的對立，必定強化了商禽從精神上自救的意志。生活是如此的嚴酷，把詩人推入「拘囚」的痛苦與「逃亡」的自由相衝突的處境，使其體驗具有重要的意義與價值。他從軍二十餘年而以上士退役，由此亦可想見其孤高的性格與理想主義的追求。

雅斯貝斯稱這種限制身心的現實爲「邊緣處境」，認爲這些限制「像一堵牆，我們撞到它們而失敗」，詩人在逃亡中碰壁，不得不流離失所，徘徊在舉目無親的異鄉，必然會面對荒誕的現實，因其絕望，而有所懷疑、有所否定，發現「一切都是相對的、有限的、分裂成對立面的」，也就產生自覺的自我意識，「體驗邊緣處境和去生存，是同一回事。」②詩人面對與個性不相容的外部世界，經過拘囚與逃亡的反復較量，看到人生中無人性的一面，便形成一種超越性的追求。

《長頸鹿》遂如是說：

> 那個年輕的獄卒發覺囚犯們每次體格檢查時身長的逐月增加都是在脖子之後，他報告典獄長說：「長官，窗子太高了！」而他得到的回答卻是：「不，他們瞻望歲月。」
>
> 仁慈的青年獄卒，不識歲月的容顏，不知歲月的籍貫，不明歲月的行蹤；乃夜夜往動物園中，到長頸鹿欄下，去逡巡，去守候。

詩人以超現實手法把寫實與荒誕兩種因素結合起來：囚犯們面對高高的鐵窗，便本能地日夜翹首仰望著窗外，嚮往著返回那自由的天地，「瞻望歲月」，便化入向上的意象，於是，有犯人與長頸鹿、牢房與動物園的聯想，寄託了抒情主人翁對拘囚的抗議。對於商禽，超現實也正是一種「瞻望歲月」的舉動，詩人在拘囚的處境中伸長了脖子，像「長頸鹿」那樣嚮往著未來的理想的自由王國而受到誤解。四面無路可走，也就只有向上超越之道，這正是拘囚處境所造成的空間意識。

一種在僵冷四壁之中被禁錮的自我感覺，使「瞻望歲月」的姿態也顯得有些荒誕，從中可以體味到人生中的大痛苦、大悲劇。原因在於「我怎麼也逃不出自己」，拘囚已經成爲與逃亡相反相成的一種宿命……唯其如此，這個「分裂成對立面的」世界，便造就出「分裂成對立面的」自我，在這裡，牢房式的空間分割又轉換爲被割裂的身心，「人的位置」被荒誕化，非但上下顛倒，頭與腳兩分，而且功能倒置，人體被零散化——絕望與自由的對立，也就由此而被推向了極端。

這是一種絕望中的追求，拘囚是宿命，逃亡則是生活的準則，縱然此身被拘囚，此心卻要從事精神上的創造！於是，有了立足於現在的詩人，有了超現實的詩。商禽清醒地意識到生命的局限：逃亡之後還是拘囚，然而他依然選擇逃亡，只要逃亡，超越者便沒有向命運屈服。在這個意義上，《人的位置》實在是一幅驚心動魄的人生圖畫，那正是視覺詩，「人在人心中」，而且「有人在淚中」。在痛苦中的人，誰又能逃出心境！

身心兩分的結果，使《手腳茫茫》的抒情主人翁嘆息右腳找不到左腳，左手也找不到右手，然而找不到又還是要找，肢體尤其是要找到自己的心……《尋找心臟》便說：「直到肢體與肢體／繞成一個不分左右只有溫暖的心臟／飄浮在冷冷的空中」……問題也許就在於，人只能立足於大地，出路卻在天空。人生是荒誕的，詩人就要堅持超現實的否定精神，「逃亡」的心理內涵，恰恰屬於一種追求超現實的眞實。抒情主人翁面對荒誕，從事囚禁中的逃亡，遂表現出人性中所獨有的精神活力。請看《用腳思想》：

找不到腳
在天上
我們用頭行走
虹
是虛無的橋
雲
是飄緲的路
在天上
我們用頭行走

在地上
找不到頭
我們用腳思想
垃圾
是紛亂的命題
陷阱
是預設的結論
找不到頭
我們用腳思想。

頭與腳在畫面上兩分，逃亡之路「在天上」，而「用頭行走」正是想像中的追求；拘囚之處卻「在地上」，無路可走，只能「用腳思想／垃圾」；逃亡不是必然的現實，僅是偶然的可能，所以「陷阱／是預設的結論」。這種人體的上下兩分，形象地展示出理想與現實的對立衝突，向上超越之道，便成爲兵置死地而後生的出路所在。對於商禽，詩的使命不在功利，而在期待，詩人的美感、想像和直覺自有其深刻性，不必訴諸哲學理念。

道不在「現在」的地上，便在「潛在」的天上，經驗中沒有逃亡的出路，也就只好到超現實的詩意裡，去探索非操作的理想境界。現實是「垃圾」，理想是「虹」，因而詩是超現實的，美是超越性的，是生命力昇華的必然表現和最高形式。唯其如此，超現實的眞實，就表現爲超越者向上的精神。

拘囚是宿命，逃亡是本能，此商禽之所以爲商禽。故《鴿子》要把雙手放飛爲「傷心的鳥」；《天河的斜度》有「星子低低呼喚」的樂曲，是「盼望的另一種樣子」；《眉》中之「眉」，則是「只有翅翼／而無身軀的鳥」。大地無路，唯有「鳥」才是自由的！而詩人，只能守望這世間萬物，無爲而無不爲。這就像《凱亞美廈湖》所說，抒情主人翁的目光，超越了「水的清冽」，超越了「林木的肅殺」，超越了「山的凝立」，超越了「雲的蒼茫」，也超越了「天的渺漠」。美是自由理念的感性表現，超現實的想像本就是無限的，審美知覺把抒情主人翁從拘囚的現實中解放出來，帶進一個雖不可知卻令人神往的境界。逃亡的本能具有否定性，又具有創造性；自由的嚮往縱然非理性，卻又合於人性。

商禽的空間感使他長於分段詩的創作，運用七巧板般的板塊組合，造成多義相關的感悟途徑，從而使相互獨立的審美知覺得以整合。在《變調的鳥》一文中，李英豪指出，商禽像卡夫卡，「陷於這分離了的不可到達的生存界域中」，他的詩卻具有整體性，「其暗示性和神話性，非在幾個壓縮的意象中，卻是在整個意境本身中。」③這種相互呼應的結構，使聯想縱橫交錯，在意境中燃燒著一種追求無限的藝術精神，宛如從「生存界域」突圍而出的形式美學。不確定的想像使詩意成爲自主性的創造，如同「肢體」的板塊環繞意境的「心臟」，引導人們超越有限的現實性，去尋找人生中無限的可能性，於是，自由的想像連綴起分裂的官感，也正是以想像力來表現意志力，從而實現自我的統一性。

詩的想像如《穿牆貓》中那隻貓，「門窗乃至牆壁都擋牠不住」；詩的意境如《門或者天空》中那位「沒有監守的被囚禁者」，反復從那虛擬的門中「出去」，「直到我們看見天空。」這種空間感，表現了詩人的審美理想，即通過超越來進行逃亡。《更深的海洋》曾指出：「夜是更深的海洋」，而「星星明滅／是我們　的思想」。美是自由的形式，超越是爲了改變靈肉分離的處境，擺脫壓抑下的人生，而想像力便是超越的力量。

商禽運用一種近乎天啓式的語言，其中包括夢幻式的陳述和神秘的比喩，也就可以自由地表達內心的衝動，使被拘囚的壓抑感得以昇華，從而進入無焦慮的心境。《逃亡的天空》似乎也在暗示我們，在沉淪與死亡面前，人要活得有意義，就要超越「荒原中的沼澤」，進入「遁走的天空」，展開詩的想像，而「滿溢的玫瑰」是理想境界，是對審美知覺的嚮往與追求，「未降的雪」是意象、是悟性、是希望中的靈感，夢想中自有詩的眞實與人的天性，「燃燒著的心」因此而成爲「被撥弄的琴弦」，唯其如此，「升起來的淚」使心境體驗得以昇華。詩意在中和矛盾、解決衝突，以審美形式超越「拘囚」的現實：

死者的人是無人一見的沼澤
荒原中的沼澤是部份天空的逃亡
遁走的天空是滿溢的玫瑰
溢出的玫瑰是不曾降落的雪
未降的雪是脈管中的眼淚
升起來的淚是被撥弄的琴弦
撥弄中的琴弦是燃燒著的心
焚化了的心是沼澤的荒原

在這裡，向上「逃亡」的超越性意向，表現爲一連串跳躍的想像，使語義在連貫中構成回環複沓，宛若一字長蛇陣。由於首尾呼應，又暗示生者將成爲「死者」。生者的出路即「逃亡的天空」，「燃燒著的心」也就進入對生死循環的感應與思考，那是面對著死亡的存在，所以要使自己活得更有價值。「琴弦」象徵了藝術，「玫瑰」隱喻著美，詩人若留下不朽的詩篇，便不再害怕死亡，可以從容面對「荒原中的沼澤」了。除死無大事，人的活法問題反而愈見急迫……知性的介入，深化了詩的意境，喚起人們對一個不受「拘囚」的自由世界的嚮往。商禽的詩意和自由感從根本上是結爲一體的，其象徵即是由拘囚向逃亡的過渡，即是超現實的眞實——無路可走的人生因爲有詩、有美、有藝術，所以才有希望。希望，就在「逃亡」的超越性過程之中。

《咳嗽》是商禽詩集《用腳思想》的代序詩，詩中的抒情主人翁說，當歷史書「掉在地上」，他才忍不住「咳了一聲／嗽」。而「地上」便不是天上，歷史固然是人生的經驗，可詩人也有自己的生命歷程，他的逃亡史也是從「地上」開始的。

《夢或者黎明》這首詩，也可以視爲商禽感情的自傳。好詩總離不開詩人對人對人生深刻的感悟。社會進程造成人的命運，身世之感造成抒情心境，生活感悟就決定了超越性的期待和意志力的趨向！詩是心路的歷程，是精神生活的自我表現，《風中之風》的抒情主人翁還暗示我們，詩意又是「風中之風」，它給生命留下刻痕，翻開多年的日記（面對回憶），吹走履歷表（提示自我），甚至令詩心輪轉，就像「把沒接線的電扇轉動起來」……唯其如此，超現實的詩也是眞實的。在《大地（土行孫告白）》裡，商禽講得很清楚：

他們把我懸掛在空中不敢讓我的雙腳著地
他們已經了解泥土本就是我的母親
他們最大的困擾並非我將因之而消失
他們真正的恐懼在於我一定會再度現身

超現實的詩乃是存在的神話，商禽在拘囚中體味屈辱，在逃亡中追回尊嚴，即是立足於現實性去尋找可能性，把憂傷的自我感覺轉換爲奮鬥的自我意識，以其理想給人生以價值，以其想像給未來以希望，以其詩意給生命以追求。若說超現實只是玩弄技巧，若說神話與存在無關，便抹殺了詩人夢想中的良知，實在是一種或有意或無意的誤解。

《蚊子》中提到「悲哀之自覺」亦即「人類特有的質素」，就表現出類似「邊緣處境」的理念。原來，心境離不開處境，「悲哀之自覺」表現了外界與內心對立的關係，便造成一種情感與心志相互激發、相互推動、相互滲透、相互轉化的心理氛圍，使詩中包含了情感與意志繁複變幻、連續不斷的相互作用，即便超現實的詩也不例外。《池塘（枯槁哪吒）》的抒情主人翁認爲，「唯有吃過蓮子的人才知道其心之苦」，因爲他

> 父親和母親已先後去世，少小從軍，十五歲起便為自己的一切罪行負完全的責任了。這就是所謂的「存在」。僅餘下少數的魂、少數的魄、且倒立在遠遠的雲端欣賞自己在水中的身影。

詩人就像長在「污泥」中的「一支殘荷」，他選擇了「逃亡」，就要「爲自己的一切罪行負完全的責任」。悲劇的崇高感是理性內容壓倒感性形式，理性本就是對立的矛盾衝突；詩的美感則要求想像力與理解力的和諧，如同「在遠遠的雲端欣賞自己在水中的身影」，拉開審美距離之後，「欣賞」，即是對美的判斷。這就是化眞爲美的表現手法。

面對空間的超越者很值得我們深思。超現實的表現手法從心境出發，使精神對象化，把主體客觀化，需要對意境作瞬間直覺的整體把握，而在無意識寫作中，熟極而流的人生感悟和寫作技巧更是缺一不可，商禽藝術上的成功並非偶然。他是把「逃亡」的感悟轉換爲超現實的詩美學，以悟性溝通感性（不可以思辨）和理性（不可以直觀）、以想像溝通情感（感受外界與自我的關係）和意志（改變外界與自我的關係），如先光潛在《詩論》中所說的那樣，「轉移阿波羅的明鏡來照臨達奧尼蘇斯的痛苦掙扎，於是意志外射於意象，痛苦賦形爲莊嚴優美，」④從而將「拘囚」的悲劇提升爲「逃亡」的情思。

這正是一種精神上的自我超越……

附註：

①商禽《夢或者黎明及其他》（書林出版有限公司，一九八八年），頁一—二。

②參見《存在主義哲學》（北京，中國社會科學出版社，一九八七年），頁二七五—二七八。

③李英豪《變調的鳥—論商禽的詩》，《夢或者黎明及其他》，頁一六九，頁一六七。

④朱光潛《詩論・詩的主觀與客觀》，載《朱光潛美學文集》第二卷（上海文藝出版社，一九八二年），頁六三。

鐫刻時間的歌者：張默論

一

詩人總是要面對「時間」的。時間是歷史的尺度，可也是生命的尺度，古往今來，中國人對於時間最是敏感。然而在瞬間與永恆的面前，詩人又各具不同的姿態，瘂弦近乎演員，洛夫宛若舞者，張默卻自有一種歌者的風度，在時間中歌唱，卻又歌唱時間。他的組詩《時間，我纏綣你》，在某種意義上實在是具有本體論的意味。詩人認爲，「時間」是可以「浮雕」的，因其與空間不可分，故「向東」或是「向西」，均可展開無窮的聯想，時間是「一襲飄飄欲仙的緞帶／怎能拴住難以設防的兩岸」，在我們「緩緩跨過絕望莫名的四十載」之後，歷史已經可以與生命溶爲一體……於是，在時間意象的背後，有一個歌者心理上的時空，由瞬間眺望歷史，由自身推及民族。唯其悵望千秋，離開大陸也就像割斷了歷史，而詩中的想像卻可以連接著一切。「每個人對詩的經驗都不一樣，我的經驗是，當我一開始迷上它，我就準備無條件的付出。」①張默如是說。「迷」得不同尋常，他被稱爲「詩壇的火車頭」，如瘂弦在《爲永恆服役》一文中所說，「詩人張默不僅是優秀的創作者，也是詩運的推動者、詩刊的創辦人、文學刊物的編輯人和文學新人的培養者。」爲了給《創世紀》詩刊付印刷費，他曾和詩友們拿出微薄的薪水，甚至典當自行車、手錶、冬天唯一保暖的軍毯，還瞞著太太，把孩子的奶粉錢交到印刷廠；刊物印好後又用扁擔抬到郵局裡投寄，終於使《創世紀》持續四十年之久，成爲台灣文壇上「有九條命的長命貓」。②詩人不僅以詩爲情感的寄託，更以詩的事業爲畢生的使命所在。不難想像，張默從熟悉的家鄉到陌生的海島，被斬斷了家族血緣的聯繫，而面對台灣都市化進程中人際關係逐漸疏離的現實，爲了擺脫孤獨，他也必須去尋找一個不再冷漠的世界。於是在藝術欣賞時，在朋友交往中，在詩歌創作裡，在對詩「無條件的付出」的同時，也就發現了一個新的天地，一個精神上的家園，一種高揚生命力的方式，一種心靈的歸宿，那也正是家鄉的替代物，他在詩的氛圍裡呼吸情感……人們在充滿詩意的時間裡，也就進入了情眞意切的空間之中，對於歌者，這也許是最重要的，歌者的人生意義正是在音樂之中。

我們便發現張默寫了許多歌頌藝術的詩，許多贈給詩友的詩，許多懷親思鄉的詩，許多返鄉探親的詩，而老母健在的消息，更爆發了詩人一九七九年以來的創作高潮期！鄉愁與靈感，親情與詩情，原來都是相通的。他曾經提倡建立「新民族詩型」，後來又主張「現代詩歸宗」，並非沒有原因！海是江的歸宿，隔開大陸又通向大陸，寫海洋詩是對命運的領悟，

《哲人之海》的抒情主人翁問道：「我們是什麼，空虛置身其中／我們一無所見而且一無所有／我們搖晃著」，詩中充滿動蕩不安的音調，在遼遠的海面反思人生的短促和有限。那是一種音樂樣的情思，滲透悲涼的情懷，使我們聯想到了《時間，我繾綣你》所說的：

時間，我悲懷你
一滴流浪天涯的眼淚
怔怔地瞪著一幅滿面愁容的秋海棠

以靈感抒發鄉愁，以詩情表達親情，詩思不再如《貝多芬》那種急管繁弦，而走上了澄澈清明一路，並依舊保留著回環複沓的音樂感。人的「歸宗」與詩的「歸宗」，也是相通的。大體上，現代文化的轉型，往往會造就某種近似移民的心態，老年人更看重過去的經驗，要以不變來應付萬變；青年人更嚮往未來的機遇，表現出求新喜變、適應力強的優勢；而中年人則介乎二者之間，瞻前顧後，立足於現在又追求融會貫通古今中外的優秀文化……張默的詩思較近於中年的文化心態，他強調創新，不斷擴大審美的視野，多次改變創作的風貌，由「西化」而「回歸」，由「絢爛之極」而「歸於平淡」。張默說：「回首過往十分崎嶇的來時路，個人歷經歌詠海洋的浪漫時期，擁抱現代主義的實驗時期，回歸傳統的反省時期，抒發鄉愁的惆悵時期，以及追求澄明的晚近時期。」③抒情的心路歷程，便表現了詩人的身世之感，面對時間的歌者，一生也有如情感的江河，以不同的樂章組成了生命的交響曲，而人生本就是一個時間過程，而詩歌本就是一種時間藝術，「對時間的感悟和體認，實際上意味著人類自我生命意識的覺醒和提升。」④詩人在探索，在尋找與自己生命相對應的表現形式，他的心境也就默默地化入了歌者的節拍……身世感和使命感在這裡相互呼應，各個時期的不同心境，外爍爲張默的創作道路，而這條路即是人格的自我定位，它通向現代的東方！

文化的東方性與現代感並非不能相容，這本就是我們所生存的空間與時間，在體悟現代人生的同時，又受到世代相傳的集體無意識的影響。泱泱千年詩國的傳統，也正是民族性的一種表現，中華民族歷來看重情感，長於直覺思維和內心體驗，重視時間因素超過了空間因素，這種文化心態不宜於科技卻宜於詩。「新民族詩型」和「現代詩歸宗」的合理性，也就在於詩人必須面對文化傳統的美學積澱，通過意象化的語言，訴諸民族的集體無意識。有道是習慣成自然，傳統就像梅新筆下「家鄉的女人」，東方藝術對海外遊子也很有吸引力，自然地成爲精神生命中的一部分，這或許不僅僅是爲了鄉愁，那還是自我意識在無意中的流露。張默面對山川名勝，便如同面對歷史；而在《光陰‧梯子》這首「自傳詩」中，我們看到了一個文化人的身世之感。那是以一種貌似「年譜」的歷時性筆法，來表現個人文人性情的作品，「在時間一格一格的梯級中，我們就看到了眞正的張默，一個自吟自唱，自得其樂的詩人，一個曾經高叫著反傳統卻又不自覺地顯露傳統文人性格的詩人。」⑤他的故鄉安徽，是一個傳統文化氛圍較濃之處，潛移默化，使他後來養成了對詩的傾心、對書畫的愛好、對音樂的興趣……於是，在《我的硯台裡有一個港灣》中詩人說道，

那些細細斜斜的顏真卿
那些蒼蒼勁勁的鄭板橋
那些龍飛鳳舞的齊白石
那些工工整整的柳公權
其實，在下是啥也沒有學著
每天面對這些老古董
咱恨不得鑽進他們的肚子裡
偷一點兒靈靈巧巧的山水
也好傾倒入咱的硯台裡

抒情主人翁說自己寫了整整五十年，練書畫也罷，寫詩也罷，反正書畫乃墨之舞，也是一種時間藝術，而「靈靈巧巧的山水」並不盡在國畫與書法之中，也在歌者的詩裡（國畫強調筆墨趣味，以線條自身的流動轉折，而於空間中凸現抒情的時間意味，富於音樂的美感）。呼應著中華民族文化傳統背後的集體無意識，使生活中的藝術可以轉換爲藝術中的生

活，所謂文化時空的人格自我定位，其實就取決於詩人對於生存時空的生命體驗……

歌者之詩，便如《假面與回旋》所說：「不是徘徊是密語／不是密語是輕吟／不是輕吟是二重奏／你的甜美的歌聲是一切」。在時間的潮汐中，詩人也心潮起伏，那波動的心境，借助漢字的「形、音、義」，也就表現爲一種流動的情思，正是詩、樂、舞合一的藝境。艾略特認爲，詩人是可以征服時間的，《燃燒的諾頓》說，「只有通過時間，才能征服時間。」由於語音和語義的相互滲透，張默在詩中所營造的音樂氛圍，很富於時間的延續性，他的《無調之歌》是這樣唱的：

月在樹梢漏下點點煙火
點點煙火漏下細草的兩岸
細草的兩岸漏下浮雕的雲層
浮雕的雲層漏下未被甦醒的大地
未被甦醒的大地漏下一幅未完成的潑墨
一幅未完成的潑墨漏下
　　急速地漏下
空虛而沒有腳的地平線

我是千萬遍千萬遍唱不盡的陽關

在重複的語音中，又伴有視野的推移，一切都自然而然，使審美知覺合成了一個旋律，而讀者彷彿正在人生旅途，在音樂的節拍裡前進。不斷發現以往「漏下」的東西，「地平線」於是在眼前展開，面對「未完成的潑墨」，聯想也由過去伸向未來，「陽關」內外可能找到人生的坦途？而生命的旅程，卻是「唱不盡」的！在詩人的「無調之歌」中，自有一種生命的情調，在想像中起起伏伏，因其流利而格外引人回味，很富有耐讀性。閱讀的時間，追隨月光曲般的旋律，飄逸而空靈，在從容轉動的視線中竟不知不覺湧現了對人生的感悟，使知性滲透感性，去傾聽那生命與歷史的交響。於是，重複的文字空間化作回環複沓的時間，回環複沓的時間又展開生命旅程的更大空間，包容過去、現在、未來。反復吟誦，讀詩的時空感受漸漸與意象的時空境界重合了，「我是千萬遍千萬遍唱不盡的陽關」，因而也就是時間的征服者，不再受時間的局限，可以在瞬間感悟永恆。語句的複沓導致意象的疊加與詩行的呼應，它模糊了日常經驗的時空界限，又擴大了感悟人生的時空範圍，使讀者通過直觀的意象，自由地追尋詩意化的心境。面對時間的歌者，遂以令人反復回味的語言，使時間之流蕩漾在詩的意境裡，唱出了雄健悲涼的人生之歌。

時間藝術離不開對應、重複、變化與節奏的韻味，歌的精神主要表現爲情感與外形式的契合，因而語言形式美的因素相對突出，對詩人的文字功力也有著較高的要求。然而，張默對語言風格的追求，卻著眼於營造濃郁的抒情氛圍，他歌唱眞實的身世之感，唱那些內心所嚮往的、夢中所呼喚的，聽起來又好像平平常常的曲子，那純淨、那親切，都來自於眞實。像《家信》是這樣說的：

讀一句，咳一聲
我已不知咯過多少次血了
那些密密麻麻的字跡
捧在我的手上
站在我的心裡
就像一根根蒼白而又柔軟的亂頭絲
一波一波地
向我的血脈湧入
唉！讀它啃它有什麼用呢
一張縐縐的劣等紙
能讓時光倒退四十年

我年輕的娘啊

歌的美感，不訴諸理性，而訴諸知解力和不確定的想像力，不合條理，卻極誠摯，把母子分離四十年的身世之感，痛快淋漓地表現出來。在詩人的「血脈」中，歌的節拍也「一波一波地」湧了出來，因其立足於家族血緣的聯繫，而能深入人心，具有較強的藝術感染力，可以令讀者反復回味。是啊，四十年前母親還很年輕，而如今兒子已經老了！這令人感嘆的人生充塞於記憶，流動在血液中，又「站在我的心裡」，以四十年的感情體驗，構成漫長的悲涼歲月……於是，詩人在《一張白紙橫在天空裡》無奈地嘆息：「我是白紙一張……且讓歷史去讀它的一些令人傷心的往事呢」；於是，抒情主人翁在《隨想散葉》中「瞿然發現自己／竟是一座不怕被時間封殺的鐘擺」；於是，多少天的朝思暮想，夢魂牽繫，都化入眞摯的一聲。唯有眞情，是最動人的。對於眞摯的歌者，詩歌這門藝術，已相當於生命本身，它不是技巧，而是生活，一種本眞的生活方式，一段在眞情中流過的時間過程。

在《貝多芬》裡，張默說過「一瞬就是千千個自己」，歌者以音樂來回應歷史，意味著以瞬間來包容永恆。歌聲中有鄉愁，可也閃爍著莊嚴的生命！在歌唱的時間裡，詩人的想像便跳出了空間的局限，可以想落天外視通萬里，進入自由而溫馨的精神境界……於是，飄零者不再飄零，孤獨者不再孤獨，以詩爲家所以愛詩；而歌聲是一種傾訴，不僅是語言而且是想像，不僅是想像而且是生活；而語音是比語義更眞實的，更加難以作假；而自古以來，歌唱就比說話更能表達性情的本色，詩歌也正是一種本眞的聲音。唯其如此，詩是眞摯的，又是自然的，像《我站立在風裡》的抒情主人翁，「唱大風之歌，吐心中之鬱」，「思緒是落在咆哮的浪尖上」，在內心化爲「自然的協奏曲」。歌者吟唱在靈感的風色裡，「我燃燒並且鼓舞」，遂進入一種詩、樂、舞合一的藝境，那正是歌者的心境。

二

打開張默的詩集《落葉滿階》，我久久讀著《落葉滿階》這首詩：

溫柔的陽光，懶懶地
踩在它的胸脯上
一顆顆意象的頭顱
正欲結伴，西飛

不知怎地，它總使我聯想起梅堯臣《東溪》裡面的兩句：「野鳧眠岸有閒意，老樹著花無醜枝」。那夕陽裡的落葉也凝聚了詩人一生的體驗，傾訴著戰亂中的青春，乃是幾十年心血的結晶……是的，張默是一位大器晚成的詩人，他在《落葉滿階》這本詩集裡以其生命中秋天的風景，向我們披露了內心的年輪，一個斑斕而又深刻的內心世界，所以意象「俯拾即是」，便是秋葉也自有「著手成春」的絢麗多彩。於是有充滿詩意的人生情調化作抒情主人翁的神韻，以一種逍遙的情懷去化解煩惱、排解憂思，而詩意也就具有某些超現實的韻味。

對於張默，寫詩是一種命運，因爲漂泊，詩的家族取代了血緣家族，他便對詩以身相許，一方面在不幸的人生中尋找自由境界，一方面在孤獨的心態中追求感情寄託，創造也就成爲一種最大的快樂（由於無奈，便選擇超脫的人生）——詩集《愛詩》之名「更能烘托張默的志趣」；⑥詩集《光陰・梯子》已表現出一種近於「樹」的自我期許，也就是說，通過時間而提升自身精神上的高度（從《光陰・梯子》這首自傳詩到《三十三間堂》這首紀遊式的心路傳記，都帶有時空轉化的意味）。他那「幾乎不能一日無詩刊可編」的經歷，⑦以及「詩痴」之名，都表明詩人在藝術天地裡追求精神超越的意向。到了《落葉滿階》，詩思的重心早已由情感的淨化轉向了精神的昇華。張默從求超脫到得超脫，實在是有一個漫長的過程，這個過程在《時間，我繾綣你》這一組詩中得到集中的表現，四十節詩象徵了四十幾年的詩齡（詩的《後記》說：「主要是紀念咱們這一群並肩走過五、六〇年代的坎坷歲月，現在是六十歲左右猶在詩壇打拚的老伙伴。」）⑧，因其每節六行，回環複沓，更是給人以一種「年輪」之感。在超脫之後，精神視野由歷時性轉入共時性，遂產生了一次大的飛躍，對生命能有更深一層的感悟。

由於領悟人生的無可奈何，知命也就指向了達觀，在事件的偶然中去面對命運的必然，便可以對人生靜觀自得了。就像寫「秋興八首」時的杜甫，可以任大江無語，隨日月默默東流去……所以《杜甫銅像偶拾》說「儘管裹著一身抖不掉的蕭瑟／而你悵望千秋的詩句／依然熱騰騰地」……凡是眞詩人，總不會辜負詩意，因爲詩意就是他的靈魂，他的生命！「一個眞誠的創作者，日積月累所追求的，就是如何把自己的詩寫得更好，你的語言是否確切創新，你的意象是否鮮明突出，你的節奏是否徐疾自如，你的結構是否無懈可擊。」⑨這是「晚節漸於詩律細」，更是「自笑狂夫老更狂」，因爲時光本就與心境不可分，身世之感中，又最多詩人對生命之流的感悟。經過一段漂泊的歷程，詩意乃能來自於超越命運的生命意志。

狂者進取，詩人「狂」而「詩律細」，創造之神也就遙指藝術之韻，正如「年輪」同「落葉」的對應，錢鍾書所謂「『神』寓體中，非同形體之顯實；『韻』裊聲外，非同聲響之亮澈；然而神秘托體方見，韻必隨聲得聆，非一亦非異，不即而不離。」⑩詩人爲抗拒時間的流失，而以表現爲存在，詩的回環複沓也就像日夜輪回，從中可以悟得內心的實在，安然地走上自己的生命旅程，這就如同《期向》所謂：「我們流連在流連裡」。無拘無束的創造，宛若《貝多芬》「敲著暴風雨的門」，去追求自由與無限，那正是生命意志所發出來的聲音，它通向一條向上的路，詩的神韻便可以「到任何不具形式的節奏裡去／於是千根絲弦指向您／萬頃的魔笛指向您」。《黑髮之繪》如是說。詩人在幻象世界中借助精神的煉金術，把痛苦轉化爲快樂，也由此找到了自己在生活中的位置，從此張默成爲時間的歌者。然而在時間之歌裡面，像《露水以及》、《風雨的變奏》等一些詩篇中，卻有內在的對立因素並存於時間，如：

蓋已被貶為一匹瀑只有每天繼續長吁短嘆好啦
時間無聲也無色——
莊子在莊子的南冥
高粱在高粱的倉裡

彷彿得失兩便，在相互對立的人生中作到從容不迫，以擺脫並超越中心的焦慮，然而詩人身不由己，心不由己，「剪不斷，理還亂」，正是一片放不下的鄉愁，《夜》中的抒情主人翁便發出呼喊：「請讓我吸吮，那深情的悲劇的夜／請讓我提升，那深情的夜的悲劇／請讓我凝定，那長長的數不盡的／夜的悲劇與悲劇的夜」……在無數個不眠之夜裡，「鄉愁」化作《死亡，再會》中的「樂曲」，唯「時間冷冷而無聲」，唯鄉情染織成蒼茫的影像……放不下的牽掛，是情感的束縛，東方重情的文化傳統，使「斷腸人在天涯」，對老母的親情總是刻骨銘心，《飲那綹蒼髮》說老人「那滿頭的白雪／流溢著幾多的思念和滄桑」；《白髮吟》也「突然想起／對岸蘆花飛雪的故土」。直到以還鄉取代了「望鄉」之後，詩人得以盡其孝心，才有情而無累，決意「只求淡泊的生活，不問瑣碎事物」，⑪可以擺脫「夜的悲劇」，寧靜以致遠了。「神」求其眞而「韻」求其細，使張默的時間之歌充滿了藝術魅力。

請看《秋千十行》：

在感覺的風中
大地不斷的傾斜
汝以柔弱的手臂，輕輕把世界揪住
青天在耳膜中，晃蕩
河流在腳底下，喘息

愈是緩慢，彷彿重量離咱們愈近
愈是神速，依稀光陰總站在前頭
一會兒山，一會兒水
其實並沒有兩樣
不管被抛得多遠，終點也就是起點

「秋千」有如鐘擺，往返「在感覺的風中」，配上格律化的語言節奏，遂音義互滲，構成表現性的要素。一旦歷時性轉化爲共時性，「終點也就是起點」，就像西西弗斯推石上山，生命與時間都在回環複沓中，若能有所超越，詩的心境也屬於我們。語言對悟性證明自身，那「秋千」雖是遊戲，誰能從中領悟人生的大起大落「其實並沒有兩樣」，便能開始其想像力自由的創造！這時，我們與「山」和「水」拉開了距離，從而直覺自身的命運，「不管被拋得多遠」，週而復始才是人生！於是生命的每一個姿態都是自身，又在不斷的變化中相互重合，相互印證。我們體驗著不同的官能感覺，使意象也因爲移情，而轉化爲心靈內在的活動……想像力就這樣把充滿節奏的形式感加於激情之上，訴說著生命存在的意義。向明曾說這詩表明詩人「又進入另一新的境界」，⑫信然。耐讀的詩句，精巧的意象，迷人的節奏，都指向了一個深沉的中心，凝結爲生命的旋律——的確是從一株老樹上飄落下來的葉子。「光陰總站在前頭」，時間永遠是個體生命不可戰勝的敵人，生命每時每刻都包含著死亡，「愈是緩慢，彷彿重量離咱們愈近」，更何況孤獨還伴隨著逍遙，苦惱又追隨著幸福，我們只能「輕輕把世界揪住」，進入時間，從而超越時間。

詩人就像一棵樹，有道是落葉歸根，如歌德所說，能把自己生命的終點和起點連接起來的人是最幸福的人。張默也在《釋樹》裡講，只有在「世世代代的綠蔭」中，才能「把自己釋放」，否則

即使我想飛出去
從它的身上
從它的枝葉
從它的脈絡
我還是走不出自己有限的視域
時間，在它的心裡
長滿一對對寂寞的眼睛
它能詮釋一切嗎

當時間構成了生命的年輪，它是否可以「詮釋一切」？關鍵在於找到自己，因爲張默認爲「詩是發自內心眞摯的聲音」。[13]大體上在八〇年代，望鄉的情結使詩人的情思側重於生命的歷時性，如《棉襖》吟詠母親身上衣歷時「卅一個寒冬」；而詩人到了九〇年代，還鄉的經歷便化作共時性的生命感，最早應是一九八九年《我跪在繁星哈腰的包穀下》，激情「撲撲」復「喃喃」、「嘩嘩」而「簌簌」，是大地上莊稼與心聲在交響，甚至「分不清誰是繁星，誰是泥土，誰是楊柳」，然後《滾鐵環，在月光傾瀉的廣場》也就會「環內是日／環外是月」，令詩思圓轉入神：

那一環一環虎虎生風

好似流蘇的歲月一層層地纏捲
也許我們所在某一環節上飄忽地記下
一些些莫名的話語

親情與鄉情在重合，過去與現在相交錯，歷史的時間被轉換為感情的時間。由於看重語言的節奏感和音樂性，張默的詩本就多回環複沓，李英豪也認為他的詩法是「認定一個中心，再環繞這中心，這本體，層層發掘，層層擴張。」「立腳於單一，指向豐繁，……所謂單一，不是指直線式的單一，而是主體的浮凸聳立。即如一座高高的大廈，一弧寬廣的圓頂，個別的存在是單一的、突出的，但我們能否認一座大廈裡面的豐繁，一弧圓頂內所容納的東西嗎？」⑭這種圓轉入神的詩法，最宜於表現共時性的生命感。我猜想詩人的後來居上，也可能與此有關。所謂圓轉入神，即是把歷時性的過程昇華為共時性的意境，由心態的共時性而造成審美的整體性，由審美的整體性造成品味的耐讀性，因為詩在心意久聚之處，修辭立其誠，唯有自己回味不盡的心情，才能化做他人回味不盡的風景……共時性語境的藝術魅力，在於其中凝聚了詩人多年的心血，就張默而言，一方面是詩窮而後工，所謂「庾信生平最蕭瑟，暮年詩賦動江關」；一方面是功夫更成熟，所謂「庾信文章老更成，凌雲健筆意縱橫」。他面對時間而體驗生命，筆下的意象遂有生死同構、日夜輪回之勢，語言亦呈現一種充滿感染力的節奏感，彷彿心境也滲透於形式美之中。便以《露水以及》而論，

露水橫過天空
天空橫過棕櫚
棕櫚橫過咱們的眼睫
咱們的眼睫橫過水鳥的翅膀
水鳥的翅膀橫過
一頁正在發呆的大地

熊熊的焰火究竟能燒掉什麼呢

露水還是橫過
棕櫚也是
天空也是
水鳥與眼睫也是
直到歷史一匹一匹地列隊長嘯而去

詩人的神韻滲透進節奏裡，隨著語言的回環複沓，視野裡的意象也反復出現，有道是天人合一，那「熊熊的焰火」，可以是陽光，也可以是目光，更可以象徵生命之火，燭照「歷史」

如火車般「長嘯而去」（那「列隊」的空間意象，也必定如車廂，乃是「橫」著的）。其中內在的對立因素，就在於共時性視野與歷時性生命的衝突，生命如朝露，如一曲歌，曹操《短歌行》唱道：「對酒當歌，人生幾何？譬如朝露，去日苦多。……月明星稀，烏鵲南飛。繞樹三匝，何枝可依？」這正是張默早年心境的寫照，比起組詩《時間，我繾綣你》來，多少便顯出局促之感，「走不出自己有限的視域」。相似的還有《壇子》，「圓圓的」，又見「煙霧自其腹中裊裊升起」，自成「一帖永難丈量的歷史的炊煙」，正所謂凝重與空靈並存。

是的，更加從容自在的藝境便出現在詩集《落葉滿階》裡。集中四輯詩，彷彿是奏鳴曲式的四個樂章，激情與閒情則猶如抒情主題與副主題，造成台詞與潛台詞對峙的結構，極爲感人。如《鵝毛大雪落在我家麥秸的屋頂上》充滿對時間的感悟，「雪」與老人互爲象徵，「苦難無聲」的聯想更是頗具歷史感，若參照《在朔風刷刷中訪太白樓》、《在蒙蒙煙雨中登醉翁亭》，讀者當有更深一層的感受。唯其如此張默會心於杜甫，感嘆風景依稀而人事全非，吟詠那蕩漾在塵埃歲月裡的風景……呵，落葉滿階，張默在俳句中有「全篇不著一墨，而字字袒露玄機」之語，乃是說「稿紙」計白當黑，數十年歲月的積累，也就化入詩行裡的奇思妙想之中……

附註：

①見辛鬱〈詩人張默訪問記〉，載《張默自選集》（黎明文化公司，一九七八年），頁二九二。

②見張默《愛詩》（爾雅出版社，一九九二年），頁一二—一三。

③見張默《落葉滿階‧自序》，九歌出版社一九九四年。

④熊國華〈在時間之上旋舞〉，載《落葉滿階》頁一七九。

⑤蕭蕭〈他鄉與家鄉〉，載張默《光明‧梯子》（尚書文化出版社，一九九〇年），頁七。

⑥瘂弦〈爲永恆服役〉文中談及張默愛詩的種種表現，極爲感人。載《愛詩》（爾雅出版社，一九八八年），頁一一五。

⑦洛夫〈無調的歌者〉載蕭蕭主編《詩痴的刻痕》（文史哲出版社，一九九四年），頁一〇。

⑧張默《落葉滿階》（九歌出版社，一九九四年），頁一七六。

⑨張默〈評《金甲蟲》〉，載辛鬱《在那張冷臉背後》（爾雅出版社，一九九五年），頁一五〇。

⑩錢鍾書《管錐編》第四冊（中華書局，一九七九年），頁一三六五。

⑪《愛詩》，頁二三四。

⑫洛夫、杜十三主編《八十三年詩選》（現代詩季刊社，一九九五年），頁一九七。

⑬張默《落葉滿階‧自序》。

⑭李英豪〈從「拜波之塔」到「沉層」〉，載《詩痴的刻痕》，頁一三六—一三九。

詩人的良知與夢想：辛鬱論

人們常說的新詩運動，其實包括了近代藝術運動和現代藝術運動兩個方面：前者更強調「爲人生而藝術」的社會使命，從新詩的口語化、形象化到情調化，有一種功能性追求的結構化趨向，乃是從社會理性與工具理性出發，表現悲劇性的崇高感，即美學家所謂理性內容壓倒感性形式，卻又或多或少地以詩爲宣傳工具，而忽視了對藝術美的深入探索；後者則注重「爲藝術而藝術」的審美理想，從早期的象徵詩派開始，經過台灣的現代詩潮，再到近年來崛起的大陸青年詩群，現代詩的先鋒精神給新詩運動注入了新的活力，使眞和善的內容可以自如地轉換爲美的形式，通過審美理想更深刻地表現人性，抒寫人的目的。然而藝術思潮的差異，也難免造成人們對現代詩的誤解，從「詩怪」李金髮到「詩魔」洛夫，詩壇的實驗者往往被視爲異端……

詩人的良知與夢想實在是相通的，這當然不僅僅是辛鬱一人如此，但是辛鬱顯然很自覺地表現出藝術整合的意向，他運用超現實的創作手法，詩中又滲透了爲人生的創作精神。他認爲「寫我們這時代的詩」應該發揚劉半農、康白情、兪平伯、葉紹鈞以來好的傳統，主張

「學習去做一個平實的詩人」、「誠於自己，誠於事物，更誠於我們立身的時代。」惟其如此，詩人「一方面有著從生活來的情緒，一方面要求表現上的正確性，詩的語言尺度，是嚴格的。」「詩的語言是感染的語言，它的主張陳述性，不僅僅是一般生活語言的形象化，而是意象的高度表現，因此，一粒麥子是一種生命，一個暗示有一個世界，它開放的想像世界，充滿了五光十色。」①這應該是一條集大成者的藝術道路，溝通藝術與人生，以夢想來表現良知，使現實美特徵和藝術美規律可以得到統一。平心而論，詩人的生活體驗與藝術想像本就是創作過程中必不可少的兩個階段，實在不必厚此薄彼。

詩人於是自由地出入往來於人生的情境與詩歌的語境之間，以現代詩去抒寫現代人的感悟。所以，辛鬱不但強調要深入社會，而且也不反對在創作時遁入「象牙之塔」、「離群索居」，以便從事「作家個人的心靈作業」。②他是以自己的痛苦心境為中介，來溝通人生情境與詩歌語境，以表現一種苦難的身世之感。惟其如此，「詩是一張用兩種不同顏色的絲線編織的幕，在一面你看到美，另一面看到痛苦。」他還說：「所謂自動性文字技巧的運用，這在我創作時也許有此傾向，但我只叫它是生命的自然流露。」③以超現實的創作手法，表達為人生的創作精神，這是詩人的創作方法，又是一種美學上的自我定位。美感是知解力與不確定的想像力在和諧地契合，崇高感則是理性壓倒感性，內容重於形式，在悲劇中有理性的參與，而理性是對立的、衝突的、抗爭的，而不是和諧的，因而對感染力的追求更甚於對愉悅性的偏愛。由於理性不可以直觀、感性不可以思辨，現代詩也就以詩人的知性或悟性，展示了現代人的審美風度！

在《順興茶館所見》這首詩中，我們可以感受抒情主人翁一種矛盾的心境，他品味「寂寞」，而又「尚有那少年豪情」、「偶或橫眉爲劍」，在淡而無味的人生中，保持自己做人的信念……冷面而又熱心，此辛鬱之所以爲辛鬱。心境來自人生，在身世之中體悟自身的命運，便可以產生極豐富的聯想，化同一心境爲繁複的意象。以情觀物，感物起興，則萬千印象無不被染上了情緒的色彩，與心境渾然一體的意象於是生成。詩人主張「不誠無物」，認爲「誠心，對一個作家來說，也就是眞性情的表露。」[4]忠實於心境體驗，在詩歌創作中實在是非常之重要的。

內與外、物與我、印象與心境，便都是相通的，這就造成了辛鬱詩中的二元結構；但是詩人並不盡於此，在他的心目中，現實與理想也正是相反相成，印證心境與改造人生一體，凸現身世感，同時意味著高揚使命感，判斷力與意志力又總是相伴而行……《捕虹浪子》中的「他」，固然是「浪子」：

他是曾經植物過的
他是曾經動物過的

一種沒有瀟灑過的植物
一種沒有豪放過的動物
他找不到一堵牆外自己的門庭

「浪子」是沒有家的，甚至「沒有欄柵沒有食料沒有燈／沒有塵埃沒有上帝沒有鐘」，即便一無所有，或者說正因爲一無所有，他還是要去「捕虹」，去尋找家園，去追求理想。「他設想自己是一把鑰匙／如此艱辛如此執著他開啓那門」。原來在心境裡面不僅有被動的自我感覺，也還有主動的自我意識，意象的背後是意志，而抒情主人翁是堅忍的，「在刺痛了自己的腳掌之後他開始／用手行走」。「虹」，本就在自己心頭……以意象來表現心境，在辛鬱總是離不開他的身世之感，而在自我表現的同時，他又表現出自我超越的願望、詩人的自我期許。就像《問盆栽》，詩人有感於盆栽那「不屈」的活力，便想到：

庸碌的我
自多花的江南來
此刻正一卷在手
讀那茫茫的山明水秀

抒情主人翁覺得自己「身上已綠少黃多」，遂問盆栽：「應如何無懼驕陽逞威／再一次讓生命伸展」，從而以人格的理想性超越人格的現實性。知性或悟性，本就在感性與理性之間，領悟人生，有助於自我生命的昇華，並由此而產生了相應的美育功用。

在我看來，辛鬱的使命感，往往是通過抒情主人翁超越情境的角色形態來加以強化的。這可以同他的小說中的故事主人翁相互印證：如小說《縴夫阿德》中的「阿德」，就很有象徵意味，以「德」命名，又全力拉動那人生之舟；他有童心，卻又爲討老婆而被迫不跟小孩們玩；最後阿德因救小孩貴文被渦流捲沒，遂成了孩子們心目中的「河神」。原來崇高的人性總要超越社會角色的規範！又如小說《漂》中可愛的「輔山」，總是嚮往那種「原始」的樸素，然而，他已在人世的「河川」中沉沒，並且隨波漂去……惟有在小說《我給那白癡一塊錢》中那個爲他人目光而活著的、死要「面子」的「我」，惟有在小說《佛事種種》中那個斤斤計較「身分」的張允中，才是可笑的。以理想化的想法來改變平庸的活法，也就產生了詩人的說法，乃是在夢想裡面寄託良知，而詩人並非一般的角色。

詩人的角色，是以理想來超越現實。身世感與使命感的統一，使辛鬱詩中的語境可以歸結爲人與命運的對話，亦即以一種「不屈」的姿態，去追求崇高的美學境界。他認爲，詩集《豹》能夠代表自己的「詩觀」，⑤而洛夫則在這本書的序言裡指出：「辛鬱有一幅冷凝的面孔，故詩壇友好向以『冷公』稱之。其實辛鬱面冷而心熱，亦如他的詩，冷的是他的語言，熱的是他潛在生命的燃燒，他的詩堪稱爲冰河下的暖流。」⑥由於在意象化的語言中飽含了來自詩人經驗深處的情緒（即心境），因而也可以這樣看：痛苦的心境是冷的，崇高的信念則是熱的，印證冷的心境，進而抒發熱的激情，於是他的詩中也就「冷」中有「熱」，而「熱」實緣於「冷」。

「冷」的自我感覺和「熱」的自我意識，必定要求在詩中有相應的表現，而且那種超越社會角色規範的自我意象，便跳出社會情境而進入了家族情境，又構成一種自主性的個人感情定位。在詩集《豹》中，組詩《演出的我》和《同溫層》居一前一後，首尾呼應，佔據了十分顯要的位置。《演出的我》是「讀自己的成長」，也正是解讀自我的生命。那是抒情主人翁與父母、與妻子、與兒子相對應的家族角色，而「鄉關已遠」，斷腸人在天涯；《同溫層》則「鑑照生命的運行」，更包括了《自己篇》、《母親篇》、《父親篇》和《歲月篇》等，詩人忘不了「那遠方曾烙下我放牧的影子」，而家在心頭，「雪埋在歲月」在眼前，其心境只能是悲涼的。

在與命運的對話中，辛鬱展示了自身的人格力量，從《豹》這首詩裡，我們甚至能感受到抒情主人翁內在肌肉官能的緊張感覺。任他「蒼穹默默／花樹寂寂」，豹只是蹲在曠野盡頭，組成一片美麗的風景，卻又敏捷而冷靜，充滿野性和力度，乃是以靜的堅忍姿態來表現動的內心嚮往，道是無情卻有情，詩中的想像寬泛而不定，同時又雕塑出各種潛在的精神可能性……這位追求感染力的詩人，自不妨冷口冷面，亦不必大呼小叫，輕輕吟唱便描繪出人生的眞相、生命的本色。品味寂寞即是體驗痛苦心境。《桑吉巴獅子》中的「獅子」，則是由非洲故土到「國立公園」，「置荒原在我身後／棄大風在我頭頂」，多的是現代人的苦惱和孤獨感。它「繞樹三匝」，其實是似動而實靜，使我們想起「捕虹浪子」，遠離自然的家園，品味痛苦也成爲一種人生，對苦難的表現即是對現實的抗議。

有身世之感，有家國之思，詩人痛苦的心境滲透人與命運的對話，詩就像《流到天涯的一滴淚》所說的那樣：

好不容易　被鎖了
幾千個日子的一滴淚
流了出來　純白的
一滴流到天涯的淚

淚，僅僅一滴，若冰川乍融，又溶入「天涯」的空間，又溶入「幾千個日子」的時間，便成爲生命的凝聚之所在，那痛苦的心境也就非同一般。淚是面對著「藍天」而流出，「在海的那一端／這好藍好藍的藍天／是屬於每個人的」。歷史的轉折也許會帶來命運的轉機，這對於詩人的意義又確實非同小可。在詩人的使命感中，包含著他對人生價值的自覺追求，所以碧空萬里是歷史的風景，也是個人的心境，更是他對中華民族美好未來的期待。這滴「淚」所包蘊的內容，一言難盡。

在痛苦中有期待，在情緒裡有意志，在冷面背後是熱心。惟其如此，辛鬱的「少年記事」要以《流川》和《戀之變奏》來自我命名；而且，他會在《焚詩記》中自我表白：「寒意來自人間／我不得不披上一件漠然」，同時卻一心「訪我的故舊在煙漫中」；詩人又在《老花眼鏡組曲》的《蝴蝶夢》中呼喚：「歲月啊且請慢走」，感嘆道：

無奈你腳力已衰
再也追不上
舞在風中的陣陣幽香

良知與夢想，遂在痛苦的心境中結晶爲意象，其中閃爍著詩人的審美理想。「無奈」裡的追求和追求中的「無奈」，在辛鬱詩中構成了動人的情調，詩人的人格理想，乃是美感與崇高感的交匯之處。

詩人深入心境之中，且又跳出心境之外，出入自如，便能在體驗生命的同時超越自我，一以貫之的，則是一種人道主義的情懷。看重生命，熱愛生活，改造人生，追求理想，使小我與大我得以統一。追求人生的價值，抒情主人翁也就在《菩提葉》中

感悟一滴簷滴的力量
如此清澈　昂揚的生命

水滴石穿，小也可以喻大。對於文學藝術中諸如傳統與反傳統、現實性與超越性、自我與群體、理念與感性、民族性與世界性、明朗與晦澀、技巧與內容等一系列問題，辛鬱常持相對的觀點，而不肯取絕對化的態度。⑦他總是強調對立之中相互依存、相互轉化、相互包容、相互推移的因素，而這種相反相成、物極必反的思路，又總是通向詩歌想像的整體性、直覺性、內向性、意象性，從而於小我中見大我、於辭限中見無限，體現中華民族傳統的人文精神，頗有益於詩藝的創造。

辛鬱爲了表現良知而從事夢想，爲了創造未來而重溫過去，在以往人生經驗中形成的心境，便通過想像力而高揚了意志力！在這裡，審美理想又通向了人格理想。抒情主人翁在他的《歌》中唱道：

絞架說的話只有刀刃聽得懂
刀刃不是為刈割而成為刀刃
月落是一種垂死的標誌

便是人也不能聽見灰飛的聲音

辛鬱的身世之感，使他對悲劇性情境有很深的感悟。生於離亂中，長在砲聲裡，以及長期躺在病床上，都會強化詩人對生命的依戀；然而痛苦之樹，也會長出人道主義的果實，使抒情主人翁表現出對他人的同情與關懷，使詩人心頭牢記自己的責任與使命。所以在《景象——台大醫院七二九病房所見》中，抒情主人翁對臥床的「你」如是說：

可是風依然吹送
陽光依然凜然地敘述
靜寂中你的根鬚依然在尋覓
它的土壤　你的葉仰及
天體的崇高與壯闊

一種發自內心深處的呼聲，呼喚生命，也呼喚人生的意義，呼喚著充實的生活與崇高的精神境界……對呀，面對人生的有限性，詩人就在死亡面前領悟了生命的價值，努力使短促的人生在追求中彰顯其意義！於是身世感轉換爲使命感，使命感意味著對生活負起責任，意味著對人生意義不懈的追求。以其良知去改造人生，以其夢想去超越局限，詩的境界便成爲崇高人性的自由天地，生命由此而得以昇華，辛鬱與命運的對話，其意義就在於此。審美理想與人格理想交織在詩意中，使他過去的生活經驗，也提升爲創造未來的精神動力，使他痛苦的心境，也轉換爲強健的意志。

附註：

①辛鬱：《辛鬱自選集・寫我們這時代的詩》（黎明文化事業公司，一九八〇年），頁二〇四—二一二。

②辛鬱：《辛鬱自選集・關於「象牙之塔」》，頁一八八。

③辛鬱：《辛鬱自選集・談自己的詩》，頁二三六—二三七。

④辛鬱：《辛鬱自選集・不誠無物》，頁一六五。

⑤辛鬱：《豹・後記》，漢光文化事業公司，一九八八年。

⑥辛鬱：《豹・冰河下的暖流》，頁三。

⑦辛鬱：《辛鬱自選集・關於文學藝術的我見》，頁五—八。

亦詩亦文的行者：管管論

行萬里路與讀萬卷書，在古人似乎是一回事兒，離家遠行，詩就從心中自自然然地長出來。對於現代詩人管管，行者實在是一個悲涼的角色，在他漂泊起程之際，完全不知道航程會把自己帶到何方，對故鄉淒楚的回憶，也就成為內心深處一種神聖的呼喚。於是，一路走到的，看到的，遂變成想到的、寫到的，而且是信口隨心，如何想便怎麼寫，故在《管管散文集》中有許多散文詩，而《管管詩選》裡，又包含像《飛飛傳》這樣令人驚異的文章（它頗似荒誕派的武俠小說）！看起來，非但他的散文詩可說是詩中有文，具有「管管風」的散文，也正是文中有詩。對於他幾乎詩就是文、文就是詩；當他畫畫、唱戲、演電影時，甚至可以非詩非文、詩文兩忘……

是的，詩文對於行者而言，本就是心路的歷程，形式乃是次要的，重要的還是伴命運以俱來的感情經歷，其實管管是在「讀自己」。他是在讀自己獨特的命運，讀無奈的人生與嚮往的自由。所以，他以「吾」代「我」，意在我的「吾」不同於他人的「我」；而筆名「管管」，也猶如負負得正，「管管」即是不管。詩人以「邋遢」為齋名，大約是自己也不管自己吧。管管非「管」，在鄉村長大的孩子本就是無羈的野馬，習慣於家族的親情氛圍，一旦離鄉遠行，在刻板的軍營中自會被「管」得難以忍受。他說過，「我從小就犯了漂泊的命。來到台灣更是漂泊加流浪，到處是兒家。吾像是一個最自由最沒有門牌號碼的人，也像是一個鄉愁特別多的人。其實不是的，吾身上枷鎖奇多……更還有鄉愁萬種！」惟其如此，詩人珍視自己的個性與內心的眞情，希望一切都任其自然，「吾實在太太喜歡悠悠閒閒自自在在的歲月了。」這種心情，使行者的自我感覺被轉換爲詩人從事藝術探索的自覺意識，「吾喜歡玩，有點遊於藝。」①屬於自己的時間才是悠閒的，從事創造的心態才是遊戲的，詩人閒了下來，情思便湧上心頭，傾訴積鬱也就產生了創造的衝動。

管管的詩，就像《四方的月亮》，看上去似乎荒誕不經，實際上卻極爲眞實，荒誕的乃是歷史與人生。正因爲「一隻老鼠在吾的帳上舞」，舞在「這個漢子搬家的一夜」，抒情主人翁才會說：

> 吾問月亮。你既然能把你雕成個弓型的。為什麼不把自己雕成個四方形的呢。
> 唉。這圓目前並不流行。唉。
> 或是雕一枚指環送給吾妻。

抒情主人翁的嘆氣之中或有遊戲的意味，卻也流露了詩人對於家人難以團圓的失望。相似的又如《弟弟之國》，詩人的想像如眞似幻，帶有一種童話的韻味：

> 陀螺的臉被一鞭一鞭的抽著；漂泊、漂泊；像一筆一筆的顏真卿；您是隻斷了線的風箏；漂泊、漂泊；漂泊著那麼一種鄉愁。

虛擬的童話，是輕鬆的玩，又是沉重的回憶。心像被抽打的陀螺，人像斷了線的風箏，而尋找童話境界的管管，是在努力保持自己本眞的心靈。不斷回頭去望行者一生的起點，他遙遠的行程也同時湧上了心頭。詩文裡的童話，是遊戲的，可也是眞實的；是超現實的，卻並非虛假的。詩人可以擺脫規範，又怎能擺脫伴命運以俱來的感情經歷，又怎能擺脫人生的無奈與自由的嚮往。陀螺與風箏，也正是身不由己呀。詩意在行者與童話之間，猶如在鞭子與陀螺之間、線團與風箏之間。猶如《繾綣經》千言萬語，說到頭不過是「天長地久有時盡／此恨綿綿無盡期」！

在管管童話般脫俗的言行裡，便包容發展的多種可能性。這使他很像《世說新語》中人物。超然自得的說法，表達無爲而無不爲的想法和瀟灑不群的活法。詩人身在艱難歲月中，表現對生命無比的珍視與執著，也就擺脫了名教禮法的束縛，格外看重生活中一切美好的東西。對於行者，人生本就是一段行程，看熟了的山水已如同知己的老朋友。管管對大自然一往情深，對魏晉風度也深感會心，他在其散文《竹林七絕》中強調：「但識琴中趣，莫貪絃上音」；而且主張：「所謂詩的神，要從爾身上找，等爾等的詩成了你的骨血皮肉，也就是你己身成了詩，那即是詩之神，也就是用詩做成的人兒，陶老頭兒便是這樣。」這是在說陶淵明呢！在管管心目中的詩人，應該知道如何享受這美好的人生，應該對生命充滿了熱愛，詩意不僅是一種說法，更是一種活法，所以陶淵明在《陶潛圖中》，是這樣的超凡脫俗，宛若神仙中人：

晨起宿酒猶自胸中塊壘跌撞而出
門外那五株綠柳竟一夜之間
為酩酊秋風所灌醉，而落得
鬢髮零亂，衣衫不整了
獨東籬下眾菊善飲
昨宵俺是獨飲東籬擁菊而歸的

抒情主人翁唯心所適，隨意任情，因爲眞實的只有現在，幸福只在此有限的生命中。詩人與陶潛心心相印，那酒香也就有如花香，乃是以感性的酒意，來幫助性靈敞開胸襟，促使童話中的精神寄託，變成了現實中的心靈安慰。醉酒，象徵著從委屈而累己的世俗生活裡超脫出來，可以不拘於俗，「獨飲東籬擁菊而歸」。醉以忘憂，樂此不疲，只因醉翁之意不在酒，而在於夢幻的眼和沉醉的心，亦即在於人格風神之間，像秋菊，又只是一片渾然天成的心境——化境之妙，實在於眞，體驗種種喜怒哀樂之後，詩人只是率眞而言，家常話便能自然高妙。若詩文只是自娛，而非娛人，就不會爲時論所拘；沒有得失掛懷，潛意識遂乘審美的醉態而汩汩流出；唯其天然本色、故格調天成，而酒意只不過是心靈深處意識流的升騰激盪！行者駐足觀賞之際，最易流露其內心的情思，管管爲詩爲文，往往巧處即是眞處，原因或在於此。他像一個永遠長不大的孩子，又像超凡脫俗的風塵異人，從《空原上之小樹呀》（之二）中，我們會感覺到詩人實在是有一些與衆不同的想法：

每當我看見那種遠遠的天邊的空原上
在風中
在日落中
站著
幾株
瘦瘦的
小樹
吾就恨不得馬上跑上去

與小樹們
站在
一起
像一匹馬
或者
與小樹們
站在一起
哭泣

詩人何以會「像一匹馬」？是不是本能中野性的衝動？那是行者的自喻。管管有一種泛神論的傾向，他的靈感總傾心於童話式的幻想。《世說新語》中桓溫曾道：「木猶如此，人何以堪？」管管因其漂泊天涯，很想似樹一樣站在故鄉的大地上，如今見小樹也同自己一般被放逐到「天邊」，又怎會無動於中？詩人生來就是幻想家，有所嚮往，有所追求，一往情深，又自由灑脫，抒情主人翁為「空原上之小樹」而「哭泣」，正是行者心情……看似荒誕的想像，其實來自於極認眞的抒情心態。在散文《那條有大樹的路》裡，主人翁「南飛星稀」總被調來調去，終於「看見那條有著大樹的路盡頭就是斜斜的天河。」這也是童話。

行者的旅程，勢必伴隨多變的風景線，人在江湖身不由己，身不由己卻心可由己，努力保持自己本眞的心靈，也就意味著他不但要品味眼前的自然美，還得抓牢內心的記憶。在散文《一棵二棵嗨！四棵小芒果》中，管管說：「唯有鄉村的童年才是童年的故鄉，你知道吧！唯有兒童才最靠近自然，你越長大越離自然越遠，唯有兒童們才像一隻鳥一尾小魚，唯有兒童才可以給鳥給魚給樹給花說話，你能嗎？也許你能，那麼你也是兒童！」童心無城府，奔放而稚拙，因其自然本色而富於感性，詩文中的「野味」，大抵由此而來，所以，在行者本眞的心靈裡面，想像力、創造力、生命力乃是三位一體，構成藝術個性的獨特風貌。「離自然越遠」，也就離自己越遠，保持本眞、抓牢記憶，便不會脫離感性。在管管的詩文中，也有許多「給鳥給魚給樹給花說話」的文字，彷彿是一種心靈的鄉音。

於是，鄉愁化入童話，自然進入童心，本眞滲入感性，詩意也納入了心路的歷程……在《請坐月亮請坐》這篇散文中，「媽媽也給我說過：龍兒，不要忘了鄉音呀忘了它你就找不到媽媽。」管管本名管運龍，是山東膠縣人，張曉風在《一個東西南北人》裡說他的山東話好聽，因爲那是一種「文學的聲音」。②在方言裡，有淒楚的回憶，也有神聖的呼喚，令人在說話時，將全部身心沉浸在那塊離開了的土地上，像散文詩《刺青族》裡「獵者」的「紋身」；而獵者又是「能唱出他族裡最標準的歌的歌者」，「他要回家」，卻倒在大都市中的柏油路面上！而在另一首詩《住在大兵隔壁的菊花》中，我們又見到那位把野花插在槍上的士兵，喜愛菊花使「我總會偷偷的（在晚點名前）拿水壺打著酒來隔壁醉一回」，而且是悠然見陶潛，又「總會是挨了趕不上晚點名的頗爲過癮的罵」，因爲排長是守紀的軍人，「完完全全不是死老百姓」，抒情主人翁也就只好如是說：

不管排長您信不信這門子邪
我看見菊花上有孩子在頑皮是真的
我與陶老頭喝酒是真的

甚至「我必須聞著我床頭上浸在墨水瓶裡的菊花才睡得著也是眞的／那天晚上我就看見每個鋼盔上都栽滿了菊花更他媽的是眞的（我總偷偷的罵您排長知道個屁）」。「眞的」也就不是「胡扯」，並非玩荒誕。迷戀感性正是心靈的方言，發而爲「文學的聲音」。於是，行者有所想像，有所創造，自覺地採取一種對精神活力和本眞個性的守護姿態。軍營生活越是單調無味，詩人越是細細品味身邊一草一木，這實在是意味深長的。

行者離家越遠，反而離詩越近，只因詩意已成爲心靈的故鄉。爲了安頓身心，詩人本能地追求著一種詩性的人生，即便鄉愁是苦戀，在苦戀中也要表達不受限制的心態。「有太多青春殘酷的戀情，老眼來看覺得神話，其實不神話一點不叫戀情。」③感性的生活才是眞切的！唯其如此，在無拘無束的境界中，我們見到了管管的童心，也感受到山水的魅力。山水是眞的，童心是眞的，那是一種敞開的眞，自然而然的本色。他在散文詩《三朵紅色的罌粟花——悼亡友Y·H·》中，表現了對「亡友」楊喚的一片深情：

> 在汝之臉有一株紅罌粟。在汝之背有一株紅罌粟。在汝雙足之間亦有一株紅罌粟。美麗之墓呵。汝之墓是三朵紅色紅色的罌粟花。
>
> 汝之碑是那株再也不會停止蕭蕭蕭蕭的白楊

然而抒情主人翁並不止於此，還要「再鑿」出兩個泉，「友朋之泉」在左邊，「敵人之泉」在右邊，又爲兩個泉各自「種上一株小小罌粟」。於是，「亡友」所在的大地上「左邊跑著一株白罌粟」象徵著死；「右邊跑著一株紅罌粟」象徵著生。在這樣的童話世界裡，呈現出一個自創的藝術天地。在童話中死亡本身就具有再生的因子，所謂「下一站是蛺蝶」。「亡友」在墳墓中，猶如蛹在繭中，即將化蝶，詩人遂「將汝之書。焚汝之墓。焚而化之。讓書燒著夜。燒著被削之月」，於是在難以團圓的人生裡，「不管春風走不走到江南。汝以及汝之書勢必化爲蛺蝶」。墓地的死亡意象，也就通過「蛺蝶」和「雙泉」，「罌粟」和「書」這樣一些象徵著活力的意象，呈現出世界上生生不息、相互滲透轉化的景觀！抒情主人翁焚書燒夜，呼喚「三月的邊野呀。追雀的孩子呀。一些踏青的姊妹」，期待「雙泉逮逮淙淙。淙淙至斜斜的天河」，這就使生與死之間彷彿有了一種不可思議的可能，即化蝶（像梁山伯和祝英台）。那正是悲痛之極的心理感受，生離死別的人生，甚至使人感到「月亮被刺刀削去一半」。而生離的家人，亦使管管常常吟誦司空曙《喜外弟盧綸見宿》中的詩句：「雨中黃葉樹，燈下白頭人。」

行者要脫離對峙衝突的人生暗夜，進入澄明的藝術境界，就要感悟草木形體中之靈氣，以便精神得以解放，正所謂：「天地一東籬，萬古一重九」，道遠心自遠，超世乃絕俗！詩文一體，在於語境的歷時性通過心境的共時性而表現出情境的歷時性……管管的心路歷程，使功夫在詩外，又使詩文意在言外，言中有象，象中有意，意中有道，道是人生之路，亦是幻美之旅，由探索多樣性而求得身心的自由自在，這也是一種人格境界。人生荒誕便要超現實，嚮往自由便要追求「野味」，唯其想得遠，遂成就了行者詩文的靈氣。是的，詩人的天性是飛揚跳脫的，變動不居如流水，要讓他固守一地，「化作山頂望夫石」，也是不可能的。管管在藝術探索之路上走得很遠，目光遍及中今中外，因為道本就是要人來走的，又何必一條路跑到黑？但是，說他上西天取經而一去不回頭，也未免「門外青山入屋裡，東家流水到西家」，忽略了詩人時時回顧一生起程處的情意之所在。由遠以見靈，東方文化傳統確實流動在行者的血脈裡面。《俺就是俺》的抒情主人翁說：「俺就是這個熊樣子」！此詩雖

「係戲合法詩人裴外一首《我是我》的詩」，言外之意又正在鄉音中：，這就像《飛》中所問：「如何飛能飛出飛去而成不飛之飛」？詩意是對人生的一種超越，行者的詩文，又恰是「行出行去而成不行之行」呵。

附註：

①管管《管管詩選‧自序》，洪範書店，一九八六年。
②張曉風《一個東西南北人》，載管管散文集《早安‧鳥聲》（九歌出版社，一九八五年），頁二〇二。
③管管《月亮是誰》，管管散文集《請坐月亮請坐‧代後記》，九歌出版社，一九八五年。

性靈山水的守望者：碧果論

是的，詩人碧果是一位守望者，有如《昨日午後》，抒情主人翁「躺在躺椅上／靜謐的凝望著一片藍色的天空」。一切都在沉默中，在這長長的「午後」。「凝望」是他唯一的動作，所謂大音希聲。詩人反問我們：「還詮釋些什麼呢」？原來性靈即是山水，一個守望的姿態，便已經道出了創世紀詩社固有的伊甸園情結——失去了的家園是難以回歸的樂土，而在西方「創世紀」的神話中，伊甸園本是祖先曾經生活過、卻又失去了的樂園。仰望藍天的動作，似乎象徵了一種重返伊甸園的心情。唯其如此，看上去一動不動的仰臥姿式裡，卻有著十分豐富的心理內容。在五〇年代，碧果在《牆》這首詩中，說他要飛「向一個遙遠的純綠色的園裡」。呼應著《魚的告白》中「飛躍的馬蹄的夢」，另一首《鈕扣》意味著夢只是夢。縱然衣襟如同雙翼，鈕扣以其「純黑」的顏色，終於把「翅翼的對白」埋入襟懷的「深處」，在「初胎的睡眠中。」抒情主人翁曾默念「也許」會有「一些論評們」道出這心事、「一些水生物們」見證其結局、或者由「陌生女」解開這個結。解衣即是成家了。然而碧果是「一些論評們」所難以把握的，在沉默中，誰又能詮釋守望者的動作？在戰時，一位軍人說「我死了」，談論「那高度的死亡率」，或者直言「我是需要火葬的」，其後果的危險性不言自明。詩人只能選擇意象語言，因爲意象語言乃是沉默中的言談。熊國華指出：「爲了追求『物我合一』的詩境，他常將自己的主觀意圖隱藏得很深，加上表現手法的迂迴曲折，常使讀者感到難以理解。但如果認眞細品碧果的詩，又會發現許多閃光的思想和對生活的本質的披露，內容的荒誕往往含蘊著詩人的眞誠。」①碧果的魅力確在於此。

在碧果六〇年代的詩歌創作中，物我合一的意象語言已經走向了成熟。詩人長於由通感展開無窮的隱喻與聯想，因爲移情於物而自由地出入萬象，令意象神光離合千姿百態，語言也吞吐閃爍若劍之氣變幻不定，而性靈化入山水，沉默即是歌唱，主體對客體的內摹仿，宛如乾坤大挪移的神功，使詩句構成了有意味的形式，可以由詩品而見人品，由風格而見人格，所以守望山水也就是守望性靈（在血與火交錯的戰地上，《齒號》告訴我們：「一旗風雨在開始製造位置」。）。這種奇幻橫生的境界，來自抒情主人翁的移步換形，故詩思也像《溪流》一般跳躍飛濺，極盡變化之能事，充滿了陌生感：

且疊起千層晚紅
有山進入
乃蛇之軀

那女子
　踩笛音而入畫

思若水流，在流水的意象中，可以見出碧果的詩法——波光中有夕照、有山影，但用了「疊起」和「進入」等動詞，動感便使曲折的河道如在扭動，引起「蛇之軀」的聯想，而水蛇腰之喩，再加上了山與水相迎相拒的意態，以及「晚紅」中有體溫的通感和關於紅妝的暗示，「那女子／踩笛音而入畫」也就水到渠成（那「笛音」的韻律也應和著「疊起千層」的水波起伏呢）……張默認爲：「碧果是一個形式主義者，或者如史坦茵女士所指是一個『新的形式論』者。由於他特別注重詩行的高低起伏，間距的停頓空白，氣勢的和緩快速，致使他的某些作品，非以我們最犀利的觸覺去撞擊，勢難收到作者預期的效果。有時甚至必將視、觸、感、嗅諸覺同時開放，才能體悟得出作者靈思的脈絡。」②然則在形式美的後面，往往存在著詩歌最爲深刻的內容。充滿神性光彩的語境，實離不開奇異的歌唱方式。一種圓轉入神的音樂感，造成語詞神奇的魔力，它出現於有如《逃逸》的詩行中：

昇起　一種凝聚
蟄伏於一石之臟　傾聽
一羽音的千山波動

火發掌指
掌指自圓之心伸出

圓轉入神，是意象之環與圓心的對應。抒情主人翁說：「以雨佈陣。我立其陣之外，而陣中有我。我立其陣之中，突又發現我於其陣之外。」玄而又玄，衆妙之門，可以打破以邏各斯爲代表的形而上學傳統，使「思」回歸「詩」的軌道，亦即以圓轉的想像，來取代線性的思維。因爲只有感性的隱喻，才是心靈眞正的家園。碧果作爲性靈山水的守望者，要以詩句來解放人爲約定的語言規範，乃是通過歌唱的方式來保持沉默。這時說即不說，不說才是眞正的說。言外之意如《初貌》問你：「那掌中正在焚燃著什麼／風在焚燃著什麼／星顆在焚燃著什麼」；只要學會了感悟，想像力和創造力也就「如青煙遁出你的雙眸／長髮之呼吸起自一朵白花之中／嫩蕊在輕敲著那條小街的春夜」（《拜燈之物》），一切都充滿了生命力，又正是詩的境界。

碧果超現實主義的詩歌藝術觀，應該是一種帶有重構傾向的解構詩學，有如「一旗風雨在開始製造位置」所說，詩藝是相對的而非絕對的，因而寬泛多義、流動不居。唯其如此，在七〇年代變得黑白分明的詩壇上，《靜物》會主張：「黑的也許就是白的」，「白的也許就是黑的」，因爲黑白分明，導致「大地被閹割了」，然而「哈哈／我偏偏是一隻未被閹割了的抽屜」……沈奇強調《抽屜》意象「喻示著一種收藏」、「一種私人話語」、「一份詩性人生的個人檔案」，③確實抓住了碧果詩藝的精要所在。作於五〇年代到八〇年代的《碧果人生》較多解構意味；作於九〇年代的《一個心跳的午後》，則表現出重構的意向性——這二者當然又是統一的。在《僵局》中「四季／生長出四肢來」，在《昨天下午我走出電影院之後》中「天空竟成了我小屋的四壁了」，都旨在打破常規，以其「私人話語」，構成非邏輯的佯謬語言，而多種可能性，也就在不確定的語義之中。碧果的詩行彷彿無規則的遊戲，打散語句結構，令人難以把握縱橫零散的文字及跳躍的詩思，像《四季之我》、《初春瑣記》，正所謂「滿頭滿臉的花苞唱出一曲流水」。我們面對的似乎僅是曲子的樂譜，那空間上對應間離的文字佈局，宛若在暗示著時間上起伏共鳴的語言節奏。海德格爾說過，當上帝離去，人便成爲漂泊者，詩人在黑暗中守望著世界，並且以歌聲來照亮回家之路——碧果永不停頓的想像和創造，是解構亦是重構，伊甸園情結使他感到孤獨，更使他眞誠地探索著超越現實的精神境界！於是，《七月之歌》中的「白衣女子」和「灰衣老僧」，似也重演了伊甸園的故事，「牙」的意象，令人想起亞當、夏娃吃了智慧樹上的禁果，遂喪失了本性的清潔，而被上帝逐出了伊甸園；但是，「荷花吵醒了一池」，又帶來大團圓的結局，是否衆荷喧嘩象徵一條通往神性之路（七夕本是團圓的日子）？《演出的詩》也暗示我們，「兩張空虛的臉」只因「他們分食一隻蘋果」。由於禁果代表了智慧，詩的解構與重構，也就代表了「信、望、愛」的美德，代表了回歸自然的還鄉之路。質疑智慧便消解概念，山水在詩中只是性靈的象徵，乃是無法言說的言外之意。在解構的多元狀態下，在間斷的變形文字中，潛隱著返樸歸眞的藝術心態。

其實，在解構以往語言秩序的同時，詩人也在建構著現代詩新的藝術世界。到了八〇年代，張漢良發現：「五、六〇年代的碧果，其個人私語與社會公語的傾軋程度強烈。當時的詩社會公語所面臨的危機（轉捩）情勢突顯，保守語言與實驗語言的對立尖銳。洛夫、瘂弦在詞意上，商禽、碧果在語法上的實驗（個人私語），都徵兆著新社會公語逐漸形成，將取代既成的公語。一旦他們的個人私語開始大量回饋，形成新的社會公語，讀者的預期自然也改變了。」④這就像一九六三年洛夫、瘂弦、商禽和辛鬱等裸泳於平溪深谷澗中，恰可象徵現代詩特質本非遮蔽，倒是敞開的。大衆傳播的流行規律，恰恰在於從陌生到熟悉的轉換過程。在碧果詩中，性靈與山水最是引人注目。山水是生存的所在，亦是抒情主人翁性靈的歸宿。對於詩人碧果，親近自然意味著接近生命的本質，所以《夢桃花林記》說道：「不知何時，汝已將自己走成了山的模樣。」在這位「孵岩居」主人的心目中，性靈與山水本不可分，桃花源所代表的自然狀態，有如亞當、夏娃未食智慧果之前的樂園境界，是一種幸福的生存空間，並由此而轉向了《一個心跳的午後》……唯其如此，《碧果人生》可以從詩集的最後一頁往前讀，即從五〇年代進入八〇年代，觀看性靈與山水如何相互轉換。有如《當我走出家門前的紅磚小巷之後》所描繪的：

1是我
2是山
3那該是我與山媾合後的我
　山與我媾合後的山

「媾合」是愛心與契合形象的說法。詩人神與物遊，從而以性靈觀山水也就由山水見性靈，於是形成物我合一的境界。抒情主人翁自由地往來於物我之間，與萬物進行無礙的應和，所以性靈給山水以生命，山水給性靈以境界，山水便與性靈渾然一體，絲絲入扣，心心相印，在直覺中進入一種整合性的審美心態。這種物我齊觀、主客易位、內外契合的詩法，實際上是導致詩人性靈對象化、客觀化的審美途徑，使性靈與山水同形同構、互爲象徵，打破彼此間的界限，正所謂思與境偕……可見詩之所以爲詩，實有其脈絡可尋。碧果的探索之路，亦有其內在的規律性。

當性靈與山水渾然一體，人品與詩品便不可分；而契合的詩心，也就成爲無所不在的愛心了。於是，九〇年代的碧果，乃有了《一個心跳的午後》。他的愛情詩之道與其山水詩之道相通，同是立足於契合。張默對此，曾經有很好的解說：「碧果的創作脈絡，依然是有跡可尋。」「他可以把一座山當作情人來傾訴，……換言之，人間所有的事物，他都豁然地把它們移到心中，它們都是他歌詠、禮讚，乃至十分疼惜的情人。」「作者的創作脈絡：就是碧果慣以『狀物』來描摩他眷戀的對象。」⑤通過愛來戰勝孤獨感，由於契合而參與超越自我的人際關係，促使想像力、創造力、生命力相互轉化，從而在充滿詩意的對話中，進入伊甸園情結的昇華過程——碧果從解構轉向重構的關鍵，就在於愛心象徵了性靈的自我提升，具有向上的超越性。創世紀神話告訴我們，萬物是爲了愛而創造出來的！所以《燃燒中的那朵玫瑰》很有重構樂園的意味：

你是翅我是飛
你是池我是水
你是水我是魚
你是風我是雨
你是簷鈴我是叮噹
而後
我們有風有雨有翅有飛有池有水
有水有魚。而後

我們自己靜靜的看視我們自己
像錶鐘內外的時間

愛是神奇的創造，是詩意的永恆，是自由的境界，那位五〇年代就在呼喚的「陌生女」終於走來，並且帶著一個重建家園的允諾。愛心與美感就這樣構成了詩藝的結構性因素。性靈和山水因爲愛心而契合，如《草香的初夜》中，「夢／是你我心中默默的燃燒／其後，展開在面前的是明麗的／山。」所以「夢」即「山」而「山」亦「夢」，它們互爲能指，且又互爲所指（這就像《彩蝶的話》：「驚心的是／當你我撞見春的剎那／山已在你我的十指之外／樹已在你我的十指之外／月已在你我的十指之外／驚心的是／你我對視時未語的眸光，卻已／繞成山繞成樹繞成橫臥林梢的月，繞成／翔舞出南山翩翩而來的／一對／／彩蝶。」在這裡「春」作爲一種情調，而頓悟使得風景亦即是春心，構成了存在的本體）。又有如《風景的收藏與收藏的風景》所說：「火自燃。曲自鳴。是以／山水自你我的心中升起」。愛心令詩意蟬蛻蝶化，那守望者的哀思，已經破繭而出，「成爲／愛的節奏。」（《愛之賦》）物我合一之境，加上「你我」的默契，遂展現有如伊甸園的景觀。那是《坐在淚中想你》的結局：「一條閃著金色陽光的　天路／由雲雩間伸延而來／猶是／鐘自鳴／門自開。／／驟然，時間又誕生於你我之間。」詩人心目中的山水，由滲透鄉情的詩思開始，終於轉換爲對精神家園的創造。不放棄就是守望的意義之所在。解開伊甸園情結的過程，是一段悲劇性的心路歷程。碧果的詩，從五〇年代到九〇年代，爲民族的命運傳神寫照，自有其價值在。因爲山的境界、水的精神、詩的性靈、愛的情韻，都是走出困境的動力，處處閃爍著人性的光輝！以詩來寫碧果人生，詩人必定是堅忍的，正所謂詩窮而後工。同時，詩必須品，注重形式美的詩作更要細細品味。物我合一是要以心境體驗爲中介的，所以品味詩意便是品味人生、品味五十年動盪的歲月……然後，我們就領悟了性靈的魅力，學會了在美感與愛心中，尋找一條通往自由境界的人生之路。

附註：

①熊國華《荒誕而眞誠的碧果》，載《創世紀詩雜誌》第一〇三期。
②古繼堂主編《台港澳既海外華文新詩大辭典》（瀋陽出版社，一九九四年），頁二四一。
③沈奇《藍調碧果》，出處同①。
④張漢良《「碧果人生」中的個人私語》，出處同①。
⑤張默《愛之賦，歷久彌新》，出處一同①。

文化錯位與純詩追求：葉維廉論

詩人必須面對自己的文化環境，因爲文化環境即是精神上的生存狀態。在《被迫承受文化的錯位》一文中，葉維廉指出，現代「中國人是苦難的，他們恆常在兩種文化的夾縫裡，在不同的錯位空間、風景、夢的夾縫裡傷失穿行，承受著身體的、精神的、語言的轉位放逐之痛。」唯其如此，

> 中國的作品，既是「被壓迫者」對外來霸權和本土專制政體的雙重宰制作出反應而形成的異質爭戰的共生，所以它們一連串多樣多元的語言策略，包括其間襲用西方的技巧，都應視為他們企圖抓住眼前的殘垣，在支離破碎的文化空間中尋索「生存的理由」所引起的種種焦慮。有一點是最顯著的，那就是，中國作家的激情——焦慮、孤絕、猶疑、懷鄉、期望、放逐、憂傷，幾乎找不到「唯我論」式，出自絕緣體的私秘的空間，它們同時是內在的、個人的，也是外在的、歷史的激情，個人的命運是刻鐫在社會民族的命運上的，因為它們無可避免地是有形殖民和無形殖民活動下文化被迫改觀、異化所

> 構成的張力與攪痛的轉化，像大部分第三世界的作品一樣，它們不得不包含著批判的意識，雖然不一定帶有批判的語句。這些作品往往充滿了憂患意識。為了抗拒本源文化的錯位異化，抗拒人性的殖民化，表面彷彿寫的是個人的感受，但絕不是「唯我論」，而是和全民族的心理情境糾纏不分的。①

在這種見解中，不但表現出葉維廉這位詩人的敏銳感受，也表現出他身爲學者的比較文學的眼光。然而在傳統文化中，天人合一的詩意感悟固然提供了心靈在禮教壓力之下得以喘息的精神空間；在西方文化中，現代詩又何嘗不是維護個性和反抗專制的藝術手段！於是，以詩意來重建心靈的家園，去整合「支離破碎的文化空間」，也就成爲文化環境賦予詩人的時代使命。以此來印證葉維廉的身世，我們不難想到，在他幼年連夜棄家渡海去香港之後，被放逐的感覺也造成相應的自我意識，以及一種遊子身份的自我角色認定，這一切必定會追隨他進入每一個陌生的環境，從此只有在古人的山水詩中（他是如此地喜愛王維），才能重溫故鄉松樹下那片祥和的山水……與此同時，海外環境的陌路感，使詩人也接受了現代詩陌生化的語言表現方式。他提倡純詩，看重直覺，使詩意立足於美感，儘量避免理智感和道德感直接介入詩思，彷彿詩中只是一片自然的風景，詩人貌似不動情，然而一切都意在言外。就像《漠》這首詩：

出站
入站
客來
客往
何站
何客
誰寐
誰覺

純然一串疾行的節奏，行色匆匆，並不駐足，這是組詩《日本印象》中的第五首。詩人在組詩的《後記》中說，他只是路過日本，在短期逗留時，「摘下印象一束，無意加工修飾，或者不應加工修飾。在日本似無寫長詩的衝動，還是因爲我是過客的緣故。」[2]創作離不開相應的心境，抒情主人翁「過客」的心態，遂令詩作呈現一種印象的斷片狀態，詩題短，詩句亦短，「出入往來」，也只是整體上模糊的觀感，全無準確的細節。詩人在異鄉，爲異客，決定了「過客」對於「客」與「站」之間習慣性的反應，而且「何」與「誰」的重複運動，更加表明這些印象非但不清晰，而且自己也無意於強化官感，周圍只是一片風景在自然地演出，與自己並無多大關係。葉維廉雖然行走在人群之中，然而自己孤獨依舊，周圍也陌生依舊。果然是「漠」的印象，視野之中，一切漠然。是的，若無親情在，便是人如潮湧之處，亦如精神上荒漠的大野。這種「支離破碎」的感受，卻是十分深刻的自我感覺和自我意識。當然，最能代表葉維廉的被放逐感，最能表現詩人的文化錯位情結的，還是要首推諸如《賦格》、《愁渡》這樣一些長詩，它們也最能顯示他「多樣多元的語言策略」，充份地傾吐其「歷史的激情」。

以追求純詩來回應文化錯位的壓力，詩人必定會看重形式感。葉維廉學詩，最初是繼承了新詩的傳統，同時也受到西方現代詩的較大影響。詩人讀大學時，是台灣大學外文系「大學才子派」中的一個，但生命體驗的力量大於審美經驗，由於一種「深沉的憂時憂國的愁結」，使他「鬱結」的心境發而爲雄渾勁健的詩思，靈感或由意象出發，或由「一種非常鬱結的感覺和心情引起」，因而有別於主題分明的新詩創作傳統，情思也更爲寬泛多義。所以，在《賦格》和《愁渡》中，詩人雖然「採用敘述性」，卻又「用很複雜和多層次的表達」方式淡化了敘述性，因而「個別意象的構成和傳統的關係很密切，但整體交響樂式的表達卻接近西洋的表達方法。」音樂性的形式感，頗有力地衝擊明確的主題，「比如聽一隻歌，音樂表現出它的肌理，你感情的肌理」，而理念與事件也就自然地退居次要的地位。純詩意味著在詩中儘量減少非詩的因素，詩人選擇這種形式，是爲了表達相應的內容，亦即表現眞實的生命體驗：

　　我作為當時一個現代的中國人，作為一個被時代放逐的人，出國之後空間的距離使我更有被放逐的感覺，我的感受複雜而且有一種游離的狀態，在當時來說，我只是忠於我自己的感受。③

強烈的感受帶來創作的激情，雄渾勁健的詩思化做繁複交錯的境界。《賦格》中「煩憂搖窗而至／帶來邊城的故事：」詩人不禁想起「群鴉喙啣一個漂浮的生命：／往哪兒去了？」於是，「我們且看風景去」，便成爲一聲無奈的嘆息！那是怎樣的「風景」呀，在狂號的北風裡，是「樹枝支撐著一個冬天的肉體／在狂奔中，大火燒炙著過去的澄明的日子／蔭道融和著過去的澄明的日子」，身世之感和家國之思遂在記憶中重合，記憶中的故土，就這樣成爲被放逐者永不離身的行李。

　　大地滿載著浮沉的回憶
　　我們是世界最大的典籍
　　我們是亙廣原野的子孫
　　我們是高峻山嶽的巨靈

被放逐畢竟是被放逐，在悲涼的合唱聲中，抒情主人翁也難免捫心自問：「我們游過／千花萬樹，遠水近灣／我們就可以瞭解世界麼？／我們一再經歷／四聲對仗之巧、平仄音韻之妙／我們就可以瞭解世界麼？」在《賦格》中所吟唱的一切，不過是「逃亡之歌」罷了。抒情主人翁「對盆景而飲，折葦成笛」，因其鬱結深遠，故筆下的情調也格外悲涼。言外之意滲透情感的樂章，使形成感同激情相互契合，正是一條通往純詩的道路。

詩人不接受命運對自己的擺佈，在想像中尋找自由感，重新組合文化離散的精神空間，為了突破困境，防範權威性的理智感和道德感介入詩意，就會自覺地去追求純詩，純詩境界意味著自主地創造一個感性的美學天地。顏元叔論《愁渡》，說葉維廉的詩得力於「定向疊景」的手法，「要產生『定向疊景』，第一要用語精確，第二要結構謹嚴；這兩者都是葉維廉的詩篇的特色。」④然而「定向疊景」實在是象徵著一種精神上的突圍過程。《愁渡》中「侍從」乘舟而去，「王」仍留在岸上，留在「朔風」裡，那時節

房舍的餘燼因風
如線軸的線默默的織入
記憶的衣衫裡
我們不是有海的搖籃嗎

任棠兒夢入舷邊的水聲裡

少年離岸入海，於是，生命之舟「在雲樹間的五弦線上穿行」，信件也隨「青鳥」而去，儘管「林斷山絕」，抒情主人翁卻堅忍地「穿一扇門」，以便走進記憶：

在無風的室裡傾耳聽泉
聽湧復不盡的跫音
王啊，我只聽見霜花摧折
和你踏著脆裂的神經而去
渡頭上，依稀你曾說：
賜你我的血液，賜你棠兒

「棠兒」引起對秋海棠葉般故國版圖的聯想，而「愁渡」即一段苦難的心路歷程。如《逸》在「包圍之夜」，因爲出神而夢遊於「很遠很遠的地方」，重新回到記憶中的世界，醒來後「臭豆腐的叫聲仍如昨日」。流離在外也是另一種囚禁，利用記憶的力量來進行突圍，懷鄉便意味著尋找精神的出路……葉維廉對中西文化的比較，以及對中西詩藝的融會，都是爲了脫離困境。《舞》中「雲來萬嶺動」的意象如此神奇，大約也因爲美感「擴張著日漸圓熟的期望」，乃是以美爲自由的象徵，以審美境界來抗衡令人失望的現實世界——舞者之美對應「臭豆腐」之「臭」，正好代表藝術理想與人生現實的兩種不同境界。

對葉維廉而言，也許詩藝便是詩學之根，詩學則是詩藝之本。鬱結過於沉重，本就傷心且又傷身，所以在胃病開刀之後，詩人力圖改變像《賦格》、《愁渡》那樣繁複的結構，而是運用簡短的詩句和單純的意象，以放鬆的創作心態來追求以簡馭繁的藝術效果。病後人的心情，多少有些像中年的心境；但是他的詩風發生變化，並不完全如清代黃景仁在《綺懷》中所說的，「結束鉛華歸少作，摒除絲竹入中年。」以往那種交響樂變奏式的抒情結構，如今已默默化入文思，不僅是長詩中各段對映的格局，不僅是組詩中各首呼應的情趣，更重要的是改變單線直尋的思路，令意象在詩中宛若千燈相照，使想像在定時、定位、定向的狀態中突圍而出。以物觀物，正是葉維廉研究中國詩學的重要心得；他更加欣賞杜甫那種「外在氣象與內在氣象的交溶」境界，物我兩契，使「個人的感受和內心的掙扎溶入外在事物的弧線裡；外在的氣象（或氣候）成爲內在的氣象（氣候）的映照」。意象呼應在印象之弧，又「得其圜中」，乃圓轉入神之境。詩人自己也承認，「我既是中國人，對中國的這類視境，又極其深愛的，雖則在寫詩時或有意或無意地用了象徵，但很自然地會以外象的跡線映入內心的跡線這種表現爲依歸……」⑤天人合一，內外合拍，中西之間文化錯位的放逐之痛，就在美感中暫時得以解決。詩人可以通過藝術的創造、文化的承傳，來重新肯定自身存在的價值了。像《木片的自述》，也自有命運的放逐感和孤絕的感受力：

說轉生
說輪迴
我的死
便是他者之生
腐朽中的新生
都是神奇的
都是莊嚴的
善哉
善哉

樹木自有生命，然而木器的存在，卻以砍伐樹木爲前提。對此人類固然以爲天經地義，樹卻發問：「一切的蓬勃／可都是爲了／飲食者果腹的慾望？」抒情主人翁遂抗議道：「我不要不自然的死。」人爲物役，正是人類的不自然之處。乍看這似是一首「環保詩」，其實不盡然。除了「外象的跡線」，也還有一條「內心的跡線」，因爲離了根的「木片」，同樣是被放逐者，所以，「詩人」與「木片」，實在是一而二、二而一的：

言
與
無言間
一閃而過的
正是你我都欲擁抱的神性

誰能無視別的生命？一切生命都是神聖的！只要改變了非此即彼的觀點，即使詩人敘事說理之際，筆下也是清純的詩思。自我實現、自我完善、自我超越，發揮潛能就像樹之生長，必須以物性觀物性、以人性觀人性、以生命觀生命，進而追求自由，走向無限。這就是以人本主義超越權力主義。作繭自縛、攬鏡自照，都錯在自以爲是……這就像視病梅爲所謂「醉人狂舞」一般，詩人也有著同樣的命運！《字的傳說》講「沉醉何嘗不像空無！快樂可是倦愁的開始？」詩意就在萬物的相反相成之處。然而，詩意「走了，無字，無芽，無葉，無花／只有載不動的／千層萬噸的憂愁」。被禁錮的心情是絕望的心情，無詩的人生是黯然的人生——詩是精神的家園，指導人生的歸宿。對於葉維廉的文化錯位論影響下的純詩追求，似乎應該作如是觀。

那是一種從困境中突圍的精神過程。詩人面對霸權和專制，運用想像力和創造力來苦苦地尋索詩意，以恢復自身、乃至整個中華民族的精神活力。從形式到內容、從感性到理性，這都構成一次對非此即彼理念的挑戰。他似乎只是在傾吐內心的鬱結，其實質卻在於以人本主義取代權力主義。葉維廉作爲詩人或者作爲學者，都傾向於扭轉文化的錯位，並以自由的創造來改變其被放逐的命運。

只要與詩同在，心靈便屬於精神的家園。

附註：

①葉維廉：《被迫承受文化的錯位》，載《創世紀詩雜誌》第一百期（一九九四年九月）。

②葉維廉：《日本印象·後記》，載《葉維廉自選集》（黎明文化事業公司，一九七八年），頁一三六。

③梁新怡、覃權、小克：《與葉維廉談現代詩的傳統和語言》，載《葉維廉自選集》，頁二五四—二五八。

④顏元叔：《葉維廉的「定向疊累」》，載《顏元叔自選集》（黎明文化事業公司，一九八〇年），頁一七七。

⑤葉維廉：《漏網之魚：維廉詩話》，載《中國詩學》（北京三聯書店，一九九二年），頁三〇二，頁三〇四。

風雨陰晴詠史人：大荒論

風雨陰晴，世事無常，詩人爲歷史傳神寫照。悟本於感，夢生於情，然後詩人把悲歡離合、興衰際遇，納入想像的空間。

大荒，就是這樣的詠史人；組詩《九聲》，就是現代詠史詩的扛鼎之作。在《爲詠史開路》一文中，張默認爲：「在同輩詩人中，大荒是詠史高手，這當然與他從小就喜愛涉獵歷史典籍有關。」①本文所謂「現代詠史詩」，則兼具現實感和歷史感，也可以說是現實感和歷史感的對話——有歷史背景的現實，以及包容了現實體驗的當代史。

大荒，本名伍鳴皐，是風雨陰晴的變幻人生，塑造了詩人的現實感和歷史感。在《剪取富春半江水》卷一《一杯水主義與後現代》中，抒情主人翁別開生面，反省「後現代人」的種種縱慾現象，例如《威爾莫特們萬歲》這首詩就「克隆」問題大發議論：「急於向你們定製一個我」，因爲假作眞時眞亦假，所以「希望打破生死大關」：

攝取我一個細胞直截了當在實驗室中培育成人

這個假我就真的百分之百
服兵役，他可以代我當兵
犯法，他可以幫我頂罪
（哈！閻王老爺這下可收回假鈔了。）

詩人針對科技萬能而人文貶値的世紀末文化生態，展開了詩意與世情的對峙，以想像的世界來反擊技術的神話。如沈奇所說：「問題意識成了大荒近年詩思的重心，時作警世危言之語，一組六首的《一杯水主義》及同類作品，辭正意邈，亦怒亦怨亦悲憫，理趣中見得深義。經由持久的磨礪，晚近大荒手中的這枝筆，愈顯生辣與老到，在日漸人煙稀少的這一路詩風中，頗有舉重若輕之風度。知黑守白，坐實務虛，反話正說，語多調侃，辭近諧謔，常以輕喜劇的架勢取悲劇的深度，嬉笑怒罵間，時有閑筆見機鋒的妙趣。」②在大荒筆下，我們可以看到迷信科技萬能心態下發生的荒誕情節，如《大法師》中「他給時間裝上大推力火箭／他爲空間作多次元開方／他下令修改人性，重定價値／釋放被穿了鼻子的文化」；又如《大法術》中「焚化爐患食積，垃圾場患胃病／青青山脈得痲風／池沼生白內障，河川罹敗血症／艨艟巨艦多於海豚／永不衰老的田園進入更年期」；以及病態的「新新少年」、「新新女子」、「新新詩人」、「新新畫家」等等，不一而足。詩人將抒情與敘事有機結合，寓憂患意識於調侃語氣之中，舉重若輕，似喜實悲，其虛擬性的戲劇化語言極有表現的力度。這樣的現實感，當然是以深沈的歷史感爲心理背景的。大荒說：「在臺灣，我大概是詠史最多的人，因此朋友都戲稱我是歷史癖。歷史與地理構成人類生存座標，避開它，你算老幾呢？至於我，它既是抗在背上的十字架，又是一架雷達——觀照的範圍。」③這是一種宏觀的詩歌視野，「歷史與地理」作爲生存的時間與空間，乃是自我定位的基礎。詩人借助鳥瞰古今中外的美學視野，更能看透生存的本相。

風雨陰晴，乃是意指席捲古今中外的時代波瀾。二〇〇三年大荒發表在《創世紀》春季號的組詩《九聲》，就是從「一杯水主義與後現代」現象出發，進一步展開的宏觀畫卷。《創世紀》的《編輯部按語》特別介紹說：「這是作者從去歲七月間開始創作，歷經半年完成的組詩，內容包括歷史神話的追溯，巴格達戰爭烽火的嘲諷，紐約雙塔事件的省思，外星人的遐想，以及爲當下搖頭族的速寫等等。作者從容不迫，順手寫來，有個人特具的觀點，閃動不凡的詩趣，值得細品。」④是的，《九聲》以歷史感印證現實感，乃是別開生面的詠史之作。

從第一章《巴別塔》開始，我們就面對巴比倫王建築「通天塔」的故事：他那「不能抵達的崇高／必能抵達」的野心，造成「觸天之怒」！於是，建塔人失去語言溝通的能力，則讓傳說成爲後現代「零散化」的預言。

然後，就在第二章《竊火者》中出現了「竊火」的故事，從此開始了關於文明的傳奇。上帝這樣數說普羅米修斯的「罪惡」：

> 火只宜在天庭輝耀
> 猶如太陽只在天上運行
> 火是密碼的程式
> 燃燒就是解碼鑰匙
> 刀斧會打出來
> 釘子會鑄出來
> 車船會造出來
> 錦繡會織出來
> 善戰者受上刑

這就是文明的悖論，它是大荒的歷史感的內核所在。「失樂園」的身世之感，和「文明」的歷史進程相互纏繞，糾結而成現代人的命運。

然後，就在第三章《大火》中出現了油田，以及隨之而來的污染：「風　被熱氣掐死／雨　落腳便燙傷／陽光和黑煙攪拌在一起／海水與油漿攪拌在一起／火山口與熔岩攪拌在一起／森林與大火攪拌在一起」，伴隨著發現和發明，世界被改變了。文明的歷史實在是善惡難分，是非難辨，得失難言！

然後，就在第四章《巴格達》出現了戰爭，因爲能源與戰爭同在，「而華盛頓之鼎／又豈容他人染指／科威特一戰剪虎須／打蛇隨棍上，再拔他的虎牙」——總之，「匹夫不許懷璧／懷有專制及侵略權力的匹夫／必須逼他交出神燈」。當神話來到人間，與其說是神奇的傳聞，不如說是傳奇的悲劇。

然後，就在第五章《紐約雙塔》出現了「九一一」！——然後，在其他四章裡，詩歌的視野從西方到東方，從吸毒者到克隆，乃至「後人類」，讓讀者深深感到，歷史的每一步，無不進退交錯，令人扼腕歎息！

誠然是生於憂患死于安樂，「失樂園」的身世就是歷史的縮影。而今伊甸園何在？詩人大荒的沈思，實在是意味深長。所謂詠史人，其實就是沈思者。

當年，大荒的《冬日南海園獨坐》，就是一幅沈思者的肖像畫。詩中的抒情主人翁把思緒放在「傷感」的背後，而以過人的想像力表達了深刻的歷史感悟。詩人道：「拓一臉蹄聲啼聲／我是漢瓦的紋身／從國家畫廊吭嗆而出／憑欄外／風波一池寒水／若非殘梗絆住目光／夏，想必想不起來了／／一張宣紙苦等顏色／顏色苦等成荷葉荷花／葉是折在箱底的扇子／花是相簿裡跳舞的女孩／沒有蓮蓬灑水／難怪天空傴僂而衰老／如失掉魔法的巫婆／／水，沒有結冰的意思／冬，沒有飄雪的意思／蹄聲踢不起塵土／啼聲喚不醒奮飛／我抓一把斜陽裹住傷感／朝北坐在南字上／等暮色蒼茫……」大荒在這首詩的《附記》裡說：「臺灣唯一的漢瓦刻有飛鳥。」就意象而言，「漢瓦」的滄桑與「飛鳥」的靈動，正是一種絕佳的對比。詩人「朝北坐在南字上」，不見「奮飛」與「塵土」，自會有「苦等」的感受。但是，有赤子之心在，期待便與想像共存，「風波一池寒水」也掩不住抒情主人翁的望鄉之意！

意象本就是一種沈默的語言，詩意的藝術情調卻在沈默中重新開始。「說不出來」的大音希聲境界，來自詩人內心深處的伊甸園情結：失去的家園是難以回歸的樂土，幻象世界便成爲人生的立足點，而詩畢竟是一個神聖的預言，一種執著的向往。即便詩人們已經紮根在異鄉的土地，他們卻不得不一次次回想著昔日的家園，在心頭搬演無限往事，因爲家族不可以選擇，鄉音中有溫馨的記憶，心靈之血與生命之源總要發生神秘的共鳴。

在《流浪的鑼聲》裡，大荒沈痛地如是說道：

猛然一擊，負痛從鑼面拋出
發現自己是一失去居所的蝸牛
赤身而臥，哭泣著
不知如何挽住那聲苦楚

死亡猶未到達而已俯身沖下
就這時候，我的觸手摸到
偉大原來不盈一握

流浪，讓流浪者接近了藝術。風雨陰晴，讓炎涼的世態滲透了詩意。於是，大荒成其爲大荒。離鄉之苦，就這樣構成了一種創作的動力；而創作，又意味著進行控訴。惟其如此，《九聲》的源頭是《存愁》。猶如「紅樓夢」就是「石頭記」，故事中探春所謂「百足之蟲，死而不僵，必須先從家裡自殺自滅起來，才能一敗塗地呢！」⑤既然無才補天，也就只好出家，寶玉「歸大荒」的結局，便是「只見白茫茫的一片曠野」。何況書中說的「因空見色」作爲一個隱喩，豈不正是所有熱腸冷眼的藝術家文思的共同寫照。

「太虛境」遂與「警幻仙」同在，恰符大荒這個筆名。

大荒曾經在其長詩《存愁》裡抨擊「矗立伊甸之外／蒙地卡羅花廳設著豪華的夜宴」，並且呼喚「回來，在小池邊放蘆葉舟的日子／我重新悼念種植鉛筆的故事」。這是一首極感人、故眞正可以傳世的作品。詩中的抒情主人翁對孩子傾訴道：「從刀聲的裂縫走來／第一口呼吸就是痲醉後的天空」，對於他來說，鄉情已成爲不忍提及的隱痛：「哦，眉眉，不要問長江可不可以游泳／不要問過什麼橋才找到外婆／不要追問雪是什麼形狀，什麼顏色／當我對你說爺爺的鬍子就像雪」。於是，詩意表現出超越性：在那些不能講眞話的日子裡，抒寫眞情就成爲一種「罪惡」，爲了傳達心靈的呼吸，鄉情就被轉換爲一種詩意化的控訴：

凡是笑聲都被雕塑起來
猶如倡優的臉譜，借給所有的臉孔
設若不配且無從租借
就用勁打自己的腮幫

大荒的伊甸園情結，就這樣昇華爲屈原似的悲劇性情思。惟其如此，「汨羅江流著詩人的哀憫／五月之晨，我去撈屈原的魂魄／他囑我將《離騷》翻譯成水／他已將版權賣給第二祖國」。大荒所指的「祖國」，即是繼楚國之後的中國；而「水」，又正是溝通兩岸的中介與橋梁。「存愁」在字面上，正好與「離騷」相對；大荒寫《存愁》，也自覺地繼承了《離騷》的愛國精神，詩人在詩裡大聲疾呼：

當口唇已焦敝而猶拒飲腳下的河水
當河水已將凍結猶未理解該偏袒那一岸
當兩岸行將崩裂猶堅持不肯握手

他就頹然而臥，變成一枝橫波的蘆葦
不問倒影為何老仰望天上的流雲
為何每個瞳孔都燃燒著憂戚
愛洗手的人哪，水也被洗出思想了
為何水必以言證明身份

大荒曾經如是說：「一般人有種印象，認爲爲藝術而藝術的詩是純詩，爲人生而藝術的詩則不純。這也是不正確的觀念。以杜甫來說，他所以不朽，並不僅因他悲天憫人的思想和感情，乃是因爲『語不驚人死不休』的藝術態度：要達到驚人，所以常常下『新詩改罷自長吟』的苦工。」⑥他本就是一位很有才情的詩人，爲了寄託伊甸園情結，史詩結構遂成爲藝術精神的載體，從而寓渾厚於空靈，似無爲而又無所不爲。

於是，詩人內心世界的風景，便象徵了人類文明史的悲劇性進程，其言外之意自然指向了爲歷史正名的時代要求。詠史人的意義，在於把自己的伊甸園情結融進史詩，在於讓一代人的身世鑄成詩意的豐碑。

既然「失樂園」是歷史的縮影，那麼伊甸園情結便凝結了時代的精神。

附註：

①張默：《臺灣現代詩筆記》（三民書局，二〇〇四年），頁二三七。
②沈奇：《剪取富春半江水・詩重布衣老更成》（九歌出版社，一九九九年），頁一四。
③大荒：《剪取富春半江水》（九歌出版社，一九九九年），頁二一八。
④《創世紀》詩雜誌一三四期第二八頁，二〇〇三年九月。
⑤見《紅樓夢》第七十四回。
⑥大荒：《存愁》（十月出版社，一九七三年），頁一一。

面對人生的本來面目：簡政珍論

詩人審視人生，面對悲劇的情境探索獨立特行的活法，面對焦慮的心境表現自我眞實的想法，面對大衆語境尋求入木三分的說法，從而化生存的困境爲詩歌的意境。唯其如此，簡政珍是仁者，智者，亦是勇者。在他的審美理想、創作手法、藝術風格中，處處滲透了自覺的本眞境界、時空意識、悲劇精神。詩人不是生活的攝影師，也不是語言的魔術師，正因爲立足於人生的大地，他才能有所創造、有所超越。這本是創世紀詩社中人共有的精神傾向，然而簡政珍卻表現得格外鮮明，並且由此而生長出一種超凡脫俗的個性。

簡政珍的詩觀，在於通過「生的眞言」，來創造生命的本眞境界，這正是一種立足於眞實的審美理想。詩人認爲「詩的語言是生的眞言」，文字也就充滿必然性，「道出了人的本質」，所以在眞與美之間，實在沒有什麼原則性的區別，詩的意象並不局限於官感的享受和情感的愉悅，而是立足於生命體驗，具有形而上的意義：

假如焦慮、恐懼、痛苦和死是存在的基本現象，人總是在「不得不」下延續生命，

> 歲月流轉，代代相傳皆如此。詩人能感受生命「不得不」的緊張感，詩將飽藏淚光血影的稠密度。「不得不」使人生變得悲壯。走向詩路注定是個悲劇，但並不悲哀。「不得不」使詩人體會到詩路是宿命的依歸，當現實人生充滿乖謬，當時代低俗到不需要詩時，詩人有「不得不」寫詩的悲壯。①

詩人在面對語言的同時，也面對人生的經驗，面對生命的無奈，面對「眞我」的困境，並將其轉換爲詩的本眞境界。詩是關於存在的「紙上風雲」，而《紙上風雲》中的意象，卻是一種更高層面的人生經驗：

一隻蚊子
把自己框在
稿紙的格子裡獻身
一個巴掌下去，血混合
原子筆的墨色
使摸索的文字
放棄成形，一切
在祭禱聲中胎變

「蚊子」的意象既不摹寫什麼對象，也不體現什麼理念，文字是「墨」亦是「血」，而「蚊子」是「他」亦是「我」，象徵生命的是死亦是生。這化入文字的「蚊子」意象揭示了人的生存與死亡，從而把我們帶入一個生命的本眞境界。由此可見詩的意象具有揭示存在的超越性品質。於是，欣賞藝術的過程，也就成爲領悟存在的過程。

揭示人生的本眞境界，便意味著凸顯作爲歷史性的人之存在。人生是短暫的，詩人要在有限的生命中去追求無限的意義，詩的語言即是存在的澄明和意義的發現。審美理想要求超越政客群起狂舞的時代局限性，使語言不再僵化如權威的政令工具。簡政珍在《爲何寫詩》一文中，指出：「最好的教育是詩教。一個每天都能精讀一首好詩的人不太可能做壞事。在詩的文字世界裡，他看到現實價值的虛幻，他看到物質狂風後的落寞，他看許多銅像原來是變色的植物人。」②相形之下，校園裡的教育則如《季節過後》所說，實在已經遮蔽了我們存在的本眞境界：

一度我們把背誦奉為
生存的名器
地理名詞比自己的容顏清晰
反復檢視山川的形勢後

我們自覺已窺取
杜鵑花城的秘密
雖然歷史課本告誡要忘卻
現有的時空
我們走入椰子樹林
顧盼自己斑駁錯落的身影
時間的進行沒有標點
數學定理推算出
我們的命運
面對命運
我們面對紅腫的手心

語言一旦成爲死記硬背的公式，「林中人」便在喪失想像力和創造力的同時迷失了自我。面對僵化的權威性語言，人們的「命運」也就悲哀如「面對紅腫的手心」——這不僅僅是發生在校園裡的悲劇，人生的語言由「思」變成了「用」，其固有的詩意便大大削弱了……詩人一再提示我們，生存本是面對死亡的存在，因而具有本眞的自由獨一無二的屬性，而僵化的教育卻大量地塑造著平庸的「常人」，使我們忽視良知的呼聲。詩意的人生不應被語言的規範所困擾，於是簡政珍的審美理想又勢必指向了相應的藝術精神。

簡政珍的詩法，在於通過「無中生有」，來表現自己的時空意識，這正是一種回歸的語言的創作手法。這「無」並非子虛烏有，實在是「大有」，其中包括了人生的情境和個人的心境，它們不是詩，卻又構成了詩歌語境的背景，使意象在白紙黑字的詩歌語言之島上自然地浮現出來。詩學的獨特性便轉換為詩藝的獨特性，詩人不摹仿外在的形象，也不去從事語言的遊戲，而是化形象為意象，在沉默之中含蘊詩境的言外之意：

> 只要有沉默，語言的意義就無止境。存有以質疑反應這個語言的世界，任何由質疑再進一步的探索，都在尋求解答的可能性。語言因此趨於完滿。③

詩人的創作，乃是從詩歌的文字空間展開閱讀的時間，從語言流動的閱讀時間展開意象的空間，從意象的比喻空間展開想像的時間，又從想像的回憶時間展開人生的空間，文字的留白和語句的間歇使時空轉換於詩的語境，通過意象而展開人與詩的全面對話，那「生的真言」，也就在沉默之中。長詩《浮生紀事》以「光」的意象來展開詩的空間，而「光」又以「夜色」為背景，「此時我從夜的身影／看到你眼角的光」，詩人便輕輕道出：

當陽光偷偷地走進鞋子
一條等候跋涉的路
在盡頭
靜靜展望未來

空間就這樣轉化爲時間，使過去、現在、未來相互滲透、彼此交融，成爲不斷變化的、不可重複的生命過程。詩人將心理的時間意象化，也就可以直觀生命的本質，從而把時間這種內在的體驗變爲空間那種外在的現象加以感悟。這就像抒情主人翁走出了十三陵地下宮殿的一瞬間，黑暗與光明、過去與現在構成了強烈的對比，又觸發了有力的聯想：

從長城歸來
從帝王的地下宮殿出來
從黝黑的洞口出來
陽光掉了一身的雪
那些墓前的石雕
所發出的寒光

綿延成今日的川流

這意象化的語言，正是一種「本眞」意義上的言談，通過時間過程使存在得到形而上的藝術表現，從而不僅賦予自身而且賦予世界以存在的意義。唯其如此，時間是客觀的，也是主觀的，在一瞬間又包容整體性，乃是我們的生命體驗和實現過程：

更遠方
雷鳴一再
提醒一隻站在屋頂的公雞
不要忘了曙光乍現時
要喚醒人類趕走背後的影子

在詩人的心目中，從空間到時間，從「光」到「聲」，從過去到未來，本就是一個渾然的整體。這首長詩的藝術魅力，實得力於詩人在其時空意識中所凸現的本眞境界，因其意在言外而能象外有象……

詩的語言，本就是精神的家園，存在的故土。爲了追求「生的眞言」，一種十分強烈的生命感，使簡政珍「在靜謐中面對語言」，甚至是以「瀕死的」心態去從事創作。他會「突然感覺語言在前面跑」，便奮起直追，所以他「寫下一行後，隱約覺得第二句詩行在與第一句對話，第二行便出來了，第三、四行也無形中好像在等著。」[4]這種眞誠的創作心境投入而且專注，使生命力、創造力、想像力凝聚於意象之中，於是眞實轉換爲美，境界闊大而又構思精巧。可見詩之法也就是詩之道。簡政珍的創作心境宛如《爭吵之後》所說，在生活中「厭倦語言後／沉默躲在黑夜裡窺伺」，抒情主人翁「抬頭起步／驚訝傲視景物的毅力」，印象交疊、聯想互滲之後，心靈的「眼睛在黑夜搭建的舞台／審視體內管弦合奏／仰望的主題」，於是存在的眞相不再被遮蔽，詩人正在語言的

> 燈光下等待
> 細雨緩緩成形
> 任何引擎的聲都能
> 發動胸中的起伏

面對本眞境界，有所感悟，詩句也就湧現於筆下。「過去」的經驗因此而介入了「現在」，使時間的積澱表現爲空間的相互重合，所聽見的一切，所看見的一切，都促使美感中飽含了理智感和道德感，意象中所包含的種種理念，便在「沉默」的感悟之中！

簡政珍主張：「哲思的意象無形中變成詩中潛在戲劇性的高潮，好似讀者在詩行的流轉

中，經歷生活的各種場景，最後在哲理的意象體認到生命的本質。」⑤長詩《歷史的騷味》是運用「吃」的意象與「騷味」相互應和，從而道出生命的歷史悲劇。那是從「主上不食人肉／卻食言」說到劉邦「蒸煮」酈食其，又從「人食」講到「食人」，「生活的場景」依次展開，古戰場上「蛆蟲已在開闢新的傷口」，我們遂見到

折斷的刀槍下
一個人影在成排的屍體中
尋找一塊未發臭的屍肉

以及「被分屍的書生」，易子而食的慘景，更有「老國代對著一碗燉爛的狗肉咳嗽／有人說，這是抵抗寒流的／熱身運動」……全詩始於有人追「長滿疥瘡的黑狗」，雖然說民以食爲天，但桌上從大興安嶺的小鳥到蜀地的熊貓，「各種鳥獸的屍首，暗示了國民性殘忍之處，生生死死，我們進入時間殘留的暗巷」，想到「尿床的皇帝」也只有本能……於是，在殘忍的獸性中我們發現：「我們藉著／歷史的騷味成長」。這種寫法，就像《浮生紀事》由光的意象聯想到上帝，質疑「秩序何在」一般。這種詩法，妙在跳躍的時空意識：

從個相到共相也是由生活個別的場景幻化成哲思的境界，好似原來大地上的花開花

謝，人事興衰，過眼即成頭上一片雲天。這是觀點的跳躍，從目前的視野轉向未來的觀照，也是從眼前的立足點挪開，而以另一時空回看原有的立足點，那可能是記憶的回音，也可能是未來的展望。詩人在不同的時空來回自由穿梭，因而可以觸及存有和歷史的本貌。⑥

簡政珍「無中生有」的時空意識，極具藝術概括力，可以用戲劇性表達歷史感，使讀者對人生有更深一層的感悟。

簡政珍的詩境，在於藉助「感悟角色」，來揭示時代的悲劇精神，這正是一種著眼於生命的藝術風格。詩境以詩觀與詩法爲基礎，而審美理想通過創作手法進入藝術風格，詩人要直接面對人生的本來面目，雖不強說禪，詩境中卻不缺乏禪機。在《簡政珍論》中，鄭明娳指出：「我們能夠讀到的隱藏作者，是一個知感交融，以語言的深層意義面對存在荒謬的思索者。他著重於生命刹那間如臨生死的感動，繼而以凝鍊的語言傳遞存有的訊息。」⑦以悲劇精神對意象進行審美評價，詩中的情境便充滿掃盡人間不平事的氣概，種種角色也都或多或少地帶有存在的悲劇性意味，而詩人對角色的感悟，便充滿禪機。

在《歷史的騷味》中，簡政珍設身處地感受其動物的生命，表現出對種種生靈眞切的感傷情懷。他對人，就更是如此。《火》中之人，各有其社會角色，在死亡的悲劇面前，也就有了不同的表現。人總是面對潛在的死亡而生存著，又各自有不同的苦悶和煩惱，而火災之「火」，便在瞬間照亮了存在的本眞境界。理解禪機是需要廣博的同情心的，一顆沒有愛的心，也不會理解他人的方心，意識不到衆生平等，這顆心就會漸漸化爲荒漠。《演出》正是對「角色」的質疑：

在危難的日子裡
我們如何調整自己的角色？
先撕下一張臉皮
貼在廣告牌上？
或是在螢光幕上堆砌粉墨？
扮演一個有心的小民？
或是沒有心的偶像？
演出一齣對得起自己的喜劇？
或是對得起他人的悲劇？

但，且慢，我們要為

這五顏六色的臉譜
打什麼底色

在人生的大舞台上，人人都是演員，同時又擁有自己的社會角色，二者並不就是一回事。是否「有心」，取決於自己，而不取決於觀眾。那掌聲並非一切，重要的是面對自己的存在，面對自己的本來面目。《試裝》中那個「表現各種身段」的「你」，那個「排演春夏秋冬」的「你」，卻不自知「臉上的皺紋」，而誤以爲「鏡子有了裂痕」，這就是用他人的目光來評價自己，從而一步邁入了人生的誤區，脫離了存在的本身境界。

歷史的悲劇也就這樣產生了，人們在生命力活躍的時候，只是沉醉於自己的社會角色，顧不上他人的命運，也看不到生存的終局，而歷史本身，誰又在生前眞能說得清呢？唯有眞詩人能本色，看《長城上》的意境悲涼而又蒼茫，抒情主人翁發現了，「許多輾轉千年的遊魂」，想到了他們被帝王們所主宰的可悲的命運，急急流年，滔滔逝水，就在

那一年，無數的女子
在月光下
以疲軟的樹梢
吊起自己細長的身子

修長的投影
是一個謐靜淒美的構圖
在水面上浮現
而水中已無法裝載擁擠的屍身
和引起水波蕩漾的
一些離歌

試問築城人、守城人、攻城人，以及他們的妻兒老小，爲什麼會有如此悲涼的結局？歷史的悲劇中充滿了不可理喻的人生，那「長城」也雕塑著人性中的冷漠與殘忍。千古的悲涼便滲透了詩中的悲劇精神。

詩美在於形式，更離不開內容。若沒有人格精神的光照，藝術風格便沒有盎然的生氣，而詩中的意象也就宛如一束假花。追求本眞境界，表達時空意識，使簡政珍的詩境可以虛實相生、巨細兼顧；而意象中默默漾開的悲劇精神，更是他詩中氣韻之所在。詩人以其生命體驗和藝術探索，發揚光大了中華民族的重情文化傳統，使我們可以從容面對人生中的種種困境，不在多變的時代風雲中迷失自己，確實可以說是功德無量。

詩意與人生本就是一物之兩面，詩人直面人生，才能道出「生的眞言」。

附註：

①簡政珍：《詩的生命感》，載《浮生紀事》（九歌出版社，一九九二年），頁四。

②簡政珍：《爲何寫詩》，載《詩國光影》（花城出版社，一九九四年），頁二。

③簡政珍：《語言與文學空間》（漢光文化事業公司，一九八九年），頁五四。

④林亨泰、簡政珍、林燿德：《詩人與語言的三角對話》，載《歷史的騷味》（尚書文化出版社，一九九〇年），頁一九四，頁二〇四。

⑤⑥簡政珍：《詩的哲學内涵》，載《詩國光影》，頁一八六—一八七。

⑦鄭明娳：《簡政珍論》，載《歷史的騷味》，頁一五二。

華文詩與文化相對論：王潤華論

借助詩意來超越時間與空間的局限性，使想像力、創造力、生命力成爲打破困境的精神動力，在發展變化的文化環境中始終面對眞實的自我，因而一切規範與秩序均是相對的，它縱然盛極一時，也會成爲明日黃花，故照耀千古者，唯詩意兩字而已。在我的心目中，這就是華文詩學的文化相對論，無論古今，亦不分中外，它都代表了華夏民族的重情文化傳統。王潤華指出：

> 華族文化面臨的危機，從七〇年代以來，可以說是最受關注的課題，因為人人將會變成魚尾獅。其實失落感、彷徨感、恐懼感並不限於文化精神的層次上，新加坡國家社會各個層面的變化都引起華人的不安，大家都怕在急速的變化中，自己會變成一個怪人。①

唯其如此，詩人更加鍾情於詩藝，在變動不居的世界裡，一切都可以用意象來加以把握，詩意也最能表達「浪子」的情懷。所謂「慈母手中線，遊子身上衣」，海外已非本土，文化環境與文學傳統皆構成別樣的天地，然而詩思多變，恰恰便是華文詩不變的本質所在，洛夫如此，葉維廉如此，王潤華亦如此。詩意乃是遠行萬里的不繫之舟。

王潤華的詩意，最初萌發在他書桌上的小小花盆裡，那四季長青的花，那生趣盎然的盆景，會使詩人記起兒時看慣的風景。這並不僅僅是復甦的童心，我曾經提到，「詩人閱世既久，人間世態爛熟於心，一丘一壑、一草一蟲中，均可以包容過人的見識，種種悲觀哀樂濃縮於一個焦點上，那麼這一點也就特別地讓人回味。」②在小花小草面前，詩人難免會「以形媚道」，採取「君子比德」的抒情策略。然而童年的回憶就像文化的傳統，往往會構成精神生活中的「年輪」，包含一些更深刻、更本質的東西，令人難以割捨。詩人要在急劇變化的時代不迷失自我，就必須抓牢記憶。在工商業化的都市生活中，也許一片綠土，便足以象徵心靈的故鄉。

詩集《橡膠樹》即是如此。那南洋的橡膠園，非但是詩人兒時的「天堂」，而且也是來自拉丁美洲的「移民」，又正是早期華人命運的象徵。王潤華在橡膠園消失後去寫橡膠樹，其意義非同尋常，他是以審美的形式來重建其心靈的故鄉。詩人說過：

> 熱帶雨林是野草樹木的天堂，水果的王國，神話的淵藪。在我心裡，這一塊南洋的鄉土，就只剩下一些景物嗎？我常年在域外奔走，心裡的鄉土幾乎都遺落了，現在我正

在天天把這土地擴大，讓更多屬於這土地的生長起來。請耐心的等一下吧，一旦我填土的工程完成，將會有更多南洋的景物生長起來。

這種「塡海工程」實在是尋找精神生命的本眞境界，是以詩意來重建心靈的故鄉。儘管生存環境變了，儘管文化氛圍變了，最重要的卻不是適應新的秩序與規範，而是守護那片心中的綠土，亦即保持民族文化的活力。永遠回味的記憶，本來就是生存的根本。

王潤華的現代詩，既寫實，又有幻想；既抒情，又有知性；既力主新詩的再革命，又繼承了華文詩的優良傳統；既強調地方色彩，又古今中外兼容並包。這就是體現文化相對論的華文詩學。《橡膠樹》看似淺顯，卻又韻味無窮，就審美知覺而言，他傾向於細細品味，獲得更多的言外之意和味外之味。詩人對司空圖《詩品》深有會心，頗喜愛那種「落花無言，人淡如菊」的藝術境界。所以在內容與形式的匠心比例上，他以簡約之美見長，而不以繁豐之美取勝；在藝術形式的色彩比重上，更注重含蘊深厚的平淡境界，而不崇尚藻飾雕琢的綺麗風格；其語言藝術的審美趣味，則講究於通俗中見典雅；其藝術表現的意象構成，又傾心於豁顯中見含蓄；其藝術構思的結構特色，也就於精細工巧之中保持了天然本色……如在《橡膠樹》這首詩的第二節中，早期華人的南洋移民史已濃縮在寫意的意象裡：

沒穿衣裳的橡膠樹

每一棵都是瘦骨嶙嶙
而且身上刀痕纍纍
我知道它正在盼望
雨水回來熱帶叢林
替它換上綠色的新衣裳
替它戴上淡黃色的小花……

那是一段在貧困艱辛中奮鬥追求的心路歷程，若非詩人惜墨如金，實不難寫出關於移民心態的史詩；然而細細品味之後，我們發現王潤華這幾行詩已經包容了極豐富的感悟，正是司空圖所說的「不著一字，盡得風流」，詩人不必多說，一切盡在直覺暗示之中，讀者可以用聯想來加以闡釋與發揮。

王潤華寫詩，主張感性和知性並重，反對非此即彼，割裂經驗與思想。他能巧妙運用即物主義表現手法，而其成功之處，又主要得力於歷史感。詩集《橡膠樹》乃是南洋鄉土詩集，從《熱帶水果誌》、《南洋風物記》以及《裕廊外傳》等等名目中，卻又使我們聯想到明清筆記。讀起來詩如清澈的流水，在清淡寧靜的外表下，卻還有情思的暗流，表現出一個時代華人共同的文化心理，故雖無波濤洶湧之勢，卻不乏強大的衝擊力量。像《合歡樹》這首詩就是如此：

園藝家們不許我站在高速公路旁
因為我的枝幹溫柔又脆弱
我的本性天真且好動
常常將劣根性暴露出地面
成年以後
粗暴的季候風折磨我
甚至把我兄弟的屍首拋在路上

「合歡樹」的意象，可以象徵華夏民族的重情文化傳統，以及華人由此而產生的生存困境。面對工具理性的時代，民族的生命力受到了嚴峻的考驗，「愛情如枯葉／一旦掉落地面就不見形跡」，詩人遂嘆息自己那「帶著感傷和脆弱的血統」，因爲重情文化傳統的斷裂，也就意味著詩意的流失：

藏在樹梢頂上的花
如一縷縷白濛濛的雲煙

只開給漂鳥們看

若「花」是美的象徵，這詩意又正是漂泊者的心事呀。如此情懷，實在是對南洋華人主觀心靈極具歷史感的深入探索。

綜觀現在與過去，歷史感便造就了富有傳統觀念的詩人。以大自然的風景來作爲自己的寫照，天人合一也正是華文詩的傳統。《山水詩》這部詩集與《橡膠樹》又有所不同，因爲王潤華的審美視野越來越開闊了。物我兩契之後，詩人始能內外合拍，令詩思自由地出入往來於古今中外之間，而歷史感本就需要有現代感來加以支撐的。他的主張是：

> 美必須有內涵，尤其要有哲理內涵，我嘗試學王維，像他的禪意、說玄悟道的哲理，表現在一種空寂之中的山水裡。他完全摒棄演義性，分析性的語言，排除知性的侵擾，讓理性完全消融在景物中。④

讀到像《牧牛記》、《遠國異人記》時，讀者也許會驚異，詩人爲何一步步走向古典？其實詩藝高下並不在於師今師古與師西師中，當現代詩出現固定的模式，選擇古老的題目，反而是一種走向後現代主義的前衛姿態。他貌似寫實，實爲解構，於說玄悟道之際，不覺已進入了「超以象外，得其環中」的境界。猶如《牧牛記》，是他看了鼎州梁山廓庵師遠禪師所作的《十牛圖頌》有感而作，雖然以小說戲劇化方敘事方式來加以處理，但通篇構成了整體性的象徵，表現人如何由迷失本性又尋覓本性，一步步的走向自然的境界，於是，秩序是相對而言，規範也是相對而言，「牛」若是詩，那麼「人牛俱忘」，才能「返本還原」，這種禪悟便使詩人「走出門外／見山不以眼／聽水不以耳」……

又如《遠國異人記》，則是他讀《莊子》以及《山海經》後有感而作。荒誕不經的神話被抒情主人翁講得趣味橫生，其中又不乏歷史感與現代感的相互對照，那首《三面一臂國》即是如此：

顯項一刀砍斷通天之路
我們這些子孫
便只有一隻手臂
流落在海外西方的荒野裡
再不能用雙手
統治我們的錦繡山河
我們每個公民

卻擁有三個臉孔
一個對你嘻笑時
其他二個卻背底裡哭泣
一個在絕口稱贊你
其他二個在後面咒罵

說是遠古的神話，卻又有現代的人生經驗；道是深沉的哲思，卻又有超現實的藝術情調。詩人從中找到了現代詩的自我超越之道，於談玄說怪之間，展示了現代人的命運與海外華人的困境：當我們以智力取代了體力，也就「流落在海外西方的荒野裡」，那「三面一臂人」便像是「魚尾獅」，處在一種人格分裂的文化斷層狀態，相互交往時所表現的一切，已不再是眞實的自我。這樣一種引人反復回味的情思，並不出之以繁複的意象語言。意在言外，又道出人性深處的種種無奈與悲哀，這種詩思非中非西非今非古，卻又亦中亦西亦今亦古，而禪者的思索本就帶有超現實的意味，而現代詩的意象本就帶有神話的情調，對於王潤華，山水詩並不僅僅在於描繪自然美。

後現代主義的超越性，恰恰就在於反叛分門別類的森嚴界限，打破秩序與規範，這種藝術精神對於詩人創作的影響，則在於追求陌生化，充分發揮自主的創造力，於非詩之處探索詩藝發展的可能性。重創意求發展的華文詩，本來就具有不拘一格的藝術特質；而山水詩的藝術傳統，更看重詩人內宇宙與外宇宙的精神契合，以天人合一的姿態，跨越主觀與客觀之間的界限；所謂禪意，也無非擺脫語言和邏輯的奴役，並由此獲得心靈的自由。當文化相對論滲透了詩意，王潤華就在《五月花的寂靜》裡驚喜地發現，色即是空，空即是色，一切都是相反而又相成，否定性思維卻又正是對於自身更大的肯定：

金石在最寂靜的時候
　才聽見自己美麗的聲音
火光在最黑暗的深處
　才看見自己燦爛的火焰
魚在江湖的水底
　才發現自己的逍遙

抒情主人翁不動聲色，卻已經領悟了文化相對論的精要，而自我的價值也就在否定性的超越過程之中。鈴木大拙認爲，「禪的『虛無』不是全然的否定。禪有其獨特的肯定。這種肯定是具體的、自由的、絕對的、無限的。禪永遠是『活』著的。禪的全部目的是和生命融合，捕捉人生各個方面的永恆的價值。」[5]唯其如此，詩人在《剃髮記》中敘述落髮、更衣、淨身等等，甚至提及師兄弟有可能「爲了取暖／把一尊尊木佛劈爲柴薪／丟進火爐裡燃燒／讓火焰進一步證明／眞佛心中應有的舍利子」。異想方能天開，這意味著匪夷所思才會人心大快，乃是一種反權力主義的人生態度，可以用來象徵詩人的創意。

文化相對論，顯示出一種成熟的移民文化心態，不拘泥於傳統的文化權威，也不屈從於新的文化權威，而是在過去與未來之間，在經驗與機遇之間，自主地去把握現在，自由地去從事創造。因爲衆生平等，並不僅僅是佛門的信條，也不僅僅是藝術的律令，它首先就應該是一種反權力主義的人生態度，由此出發，才可能有所追求，有所超越。王潤華曾經在《買鞋記》中說過，當他在美國買了一雙「舒適的鞋子」，結果「忘了雙足」，

我甚至忘記
應該靠左走還是靠右走
走在中國人的前面
還是美國人的後面

抒情主人翁自嘲的這種移民文化心態，很具有普遍性，即便在本土，發生大變動的時代，也往往會發生的。只要非此即彼，必定會顧此失彼，甚至無所適從。詩人若能保持自主的判斷力，自由地從事選擇，即便不寫山水詩，人生萬物也無不是他心中的山水。在一九九二年五

月新加坡出版的《五月詩刊》上，有王潤華的詩作《傳眞機》，看上去好像在贊美工具理性的成就，其實卻是用擬人手法來引起對文化人格的聯想，表達一種對於權力主義人生觀的諷刺。對於「老板」，「傳眞機」自然是很忠實的，然而這忠實也只是一種工具的忠實。這種現代人的文化寓言，其藝術手法看似平面的寫實，其實卻深不可測，代表了詩人在華文詩創作中新的探索。

王潤華是一位很有成就的華文詩人，只要不故步自封，不斷發揮自身的潛能，相信他在藝術上會有更遠大的前程。

附註：

①王潤華：《從浪子到魚尾獅：新加坡文學中的華人困境意象》，載《從新華文學到世界華文文學》（新加坡潮州八邑會館文教委員會出版組，一九九四年），頁四七。

②章亞昕：《雕蟲非小技》，載趙鎭琬詩集《雕蟲集》（台北人類文化公司，一九九二年），頁一至二。

③王潤華：《橡膠樹・自序》（新加坡泛亞文化事業公司，一九八〇年），頁四。

④王潤華：《我一步步的走向自然山水》，載《山水詩》（馬來亞圖書公司，一九八八年），頁五。

⑤〔日〕鈴木大拙：《禪者的思索》（北京中國青年出版社，一九九一年），頁二五。

選擇審美的生活態度：沈志方論

洛夫曾經指出：「身爲一位現代詩人，沈志方從未表示『反傳統』，也就從不揚言『回歸傳統』，實際上他一直在傳統之中，又時時逸出傳統之外，他是以內在的『我』作爲平衡點來調適這兩者之間的矛盾與衝突。」①當詩人選擇一種審美的生活態度，詩意就成爲人生中極重要的內容，此時的沈志方，便處在中華民族的重情文化傳統之中，以從容的心態去面對一切和超越一切。故《書房夜戲》這首詩中的文人情趣，實在是意味深長：

右腳一伸就擱在
案頭莊子齊物那一章上
徐徐噴煙與蚊子共享
長壽的滋味，閒看牆腳蟑螂
逍遙於無何有之鄉
讓群書在架上倒立

這種閒情逸趣，自成一個人生的境界。我曾經說過：「人生下來就是忙的，然而智者卻是閒出來的；忙的尺度在氣力，閒的尺度在品位；人並不是機器，可以閒出一個自由的境界，自主的心靈、自爲的時空……靜生慧，家園在秩序之外，在人生之中，自成一種精神的境界」，②所以閒情無價，家園溫柔。外與內相對，忙與閒相對，秩序與隨意相對，前者保障了人的生存，後者促成了人的發展，無爲而無不爲，詩意以快樂原則來超越現實原則，在遊戲心態中詩人也就可以自然地高揚其想像力、創造力、生命力。「夜戲」的義蘊便在於此，沈志方也自認「它較接近我多年來的生命情態」。③這時詩人退出種種社會角色，置身於秩序之外、分工之外，而樂在遊戲中。工作是科學的，生活則是藝術的。詩人選擇審美的生活態度，也就可以去開發自身的潛能，去追求生命的價值。在詩集《書房夜戲》中，這似乎是一個引人注目的重要精神傾向。《夜讀棋譜》，也表現出強烈的遊戲心態——我不是指世事如棋，人生如夢，抒情主人翁自訴：「每天清晨疼醒，我常是／不知爲什麼含淚起床的／馬炮士卒，攜帶各種武器／奔馳在上班下班的小小棋盤上／苦苦計算得失勝敗，含恨／想像殺聲隱隱的一局棋譜／世界也是」……只有在遊戲中，我們才不是「馬炮士卒」，而擁有了自主的心情，然後就可能自由地面對自身，使人格的境界由現實性而轉向了理想性——在這裡，忙與閒的差異，是由白天與夜晚的差異，而表現爲工作與遊戲中的差異……我們面對時光的流水，而在日夜交替中感受一種生命的節奏，抒情主人翁

深夜與棋譜對弈
苦苦思索一著援手
不成，兵臨城下飲一小杯高粱
含恨上床

這就造成生命情態向醉意與夢境的轉換。人生從容便自然，所謂人爲即僞，佳境乃是自然天成，就重情文化傳統而言，詩意也實在與閒情逸趣不可分割。

沈志方在《尋訪四帖》中，更多地顯示出文人詩本色，他談「茶」、談「畫」、談「窗」，談「心」，使性情流露於不經意間，其中頗有些筆墨遊戲的情趣，淡淡點染閒情，便見出書生的風格氣度，如：

澀澀微甘的清茶
最好。月色與花影
都裱在簾外了，這時候
我們來讀一首王維好嗎？
姜夔也可以的，你坐成茶盞

我化為煙
飛自短短的字句中間

情與景、人與詩，彷彿都化入茶香的氛圍，意境清純飄逸，在古典韻味中無形又溢出現代人崇尚自然的心境，那是一種有別於工作節奏的遊戲心態。猶如林語堂所提出的，「遊戲的特性，在於遊戲都是出於無理由的，而且也決不能有理由。遊戲即是其本身理由。這個見地，有天演歷史爲之證明。美麗是一種生存競爭之說，所無從解釋的東西；世界上甚至有對生物具著毀滅性的美麗方式：例如鹿的過於發育的美角。達爾文發覺他的天然選擇之說，實無從解釋植物和動物中的美麗分子，所以他不能不另定一個性的選擇之附加原則。我們如若未能承認藝術實只是一種體力和心力的泛濫，自由而不受羈絆只爲自己而存在，則我們即無從了解藝術和它的要素」。④據說人類是最多情的動物，其實也是最會玩的動物，孩子總是在遊戲中長大，在遊戲中學會了人類的行爲方式，所以遊戲是人性中的本能。詩人從容便自然，在有意無意之間感悟著生命，他看重「立即的驚喜」，又追求「沉思的回味」，說是「愈到後來，我愈覺得能眞古典方能更現代！」⑤掌握遊戲心態，在感悟生命的同時把握好自身創作的心理技巧，對沈志方的詩藝實具重要意義，「書房夜戲」式的「生命情態」，乃是以非功利的姿態來抒寫情感和意志，雖然在重情文化傳統之中，卻又超越了生活中的種種局限。於是，遊戲便成爲一種提升自我精神境界的超越之道。

品味自身的生命情態，從而確立其審美的生活態度，使人生藝術化，種種藝術境界，也就構成了詩人的精神家園，即便是從風格上去摹擬古典的意境，依然可能從中陶冶出現代人超越性的人格理想。沈志方對詩意的探索，大體在於發現與回味之間，通過玩賞生活情調，來凸顯自身的嚮往與追求，於是人生的理念通過意象被風格化，種種情意俱在意境之中……組詩《建築與詩》，最能體現這種藝術特質。他在序文中如是說：

> 將建築物與詩結合是一種逼向生活的嘗試，房子如人，造型不同個性自異，為房子寫詩等於為屋主造像，同時並期許一種生活的境界。寫時，我也得以在其中完成屬於「家」與「人生」的觀照。⑥

唯其如此，詩必須品，詩也是一種精神的「房子」，陳幸蕙講得最妙：「任何人在他的生命之中，似乎都應該擁有一間屬於自己的書房，在這裡，他可以保有一點屬於自己的私人空間，全然面對自己、或專注地做一兩件應該全神貫注的事……因此，對一個重視內在生命的人來說，一間書房，實在比一個有電視、沙發或地毯的豪華客廳來得重要。」⑦不言而喻，沈志方筆下的「房子」，正是一種對於生命情趣的象徵。《童話扶梯》固然著眼於童年的遊戲氛圍，《淚滴實驗》更看重感情體驗，「因爲掌聲引力與距離高度的消失／心的本質更純粹，理想滑行／奔馳更完美，我不禁想起／許多失眠與歡呼的臨界點」，奇妙的房子，使我們可以面對自己內在的生命！然後，便可以在「隱形花房」、「禪的對話」裡面對外在的自然，而《大宗師》則「在蒼松掩映中有分寂然自在的美。以人生境界觀之，正是莊子大宗師『不逆寡、不雄成、不謨士』的眞人寫照。」建築如人，亦如詩，品味種種理想的意境，即是抒寫自己的嚮往與追求，所以表現也就取代了再現：

我舉手，風便從四面湧到
我長嘯，便有回聲
從歷史的那端隱隱傳來
我坐下，山便增加重量
以指叩額，智慧就隆隆作響
微啟的雙眼就有閃電竄出
在石上鑿出日月

這眞是傳神之筆，天人合一之際，無數書卷也在心頭一齊打開，古今中外的詩篇，林林總總的藝術，都在眼前湧現，意象也就紛至沓來，可以隨心所欲，揮灑自如。洛夫認爲沈志方由此從儒俠精神進入超越境界，「眞正開啓了智慧之門，直指圓融自覺之境，既求得生命與藝術的雙重超越，同時也找到了眞正的自我」，⑧所論極是。詩人選擇審美的生活態度，由於感悟生命情態而步入自由的境界，於是，有所嚮往，有所追求，有所超越，而人生之道也就在精神的家園之中……

超越時空的局限性，可以溝通藝術的古典與現代，綜合人生的過去與未來，然後人是角色，又是演員，生活在忙與閒之間，又保持生命的活力。像《聲音》這首詩，表現詩人傳統的倫理情感，「孩子」尚未出世，母體即是家、即是生命的房子，而外與內也就自成一體，有情有愛，爲人父的生命體驗，便意味著一個新的家庭角色：

彷彿被你輕輕一推
就跌進了歷史的另一入口
生命，彷彿沉重一些
夢，彷彿更短一些

這不是兒女情長，風雲氣短，抒情主人翁面對未出世的生命，而體悟到了生命的綿延，然後彷彿自己也進入了一個新的境界。傳統的倫理情感，反而指向了未來，這種對家的依戀，與精神的家園卻是相通的。在夜晚，在家中，在不那麼規範化、秩序化的閒暇中，是迷失自我還是實現自我，對於現代人實在是一個很嚴肅的問題。日本學者加藤秀俊曾指出，現代人「一生七十萬小時中，只有六萬小時左右要到公司工作！剩下的六十多萬小時，就是自我實現的時間。這些時間也可用睡大頭覺的方式來度過，也可以看漫畫書，也可以打麻將，也可以去約會、玩樂。要做什麼都可以自由去做。」⑨這就需要人們具有判斷與選擇的能力，以決定其自我實現的發展方向，「書房夜戲」式審美的生活態度，其實代表了現代人生存方式的關鍵所在：是當自我實現的棋手，還是作任他人撥動的「馬炮士卒」？詩人「深夜與棋譜對弈」，實在是有一種與命運抗爭的意味。這就像《中年心事》的抒情主人翁所說：

如果時間是一種傷口，那麼
多闊多深才能成為兩岸？
阻隔眺望、呼喚，及
阻隔曾經深信過的
想像。那麼多闊多深
才能成為現在？

詩人這是在歷史，也是在寫社會，更是在寫人生，在時間中充滿了人生的無奈，而自我實現主要是一種個人化的問題。他認爲：「至於理想，我終於相信／只是一種樹木生長的姿勢／與茂密無關」。也許就因爲這樣，沈志方會以愛情詩見長，如《掌心意象》由手相談及愛情，最後「掌心」即命運：

如此寒夜，你的掌心
是我最好的取暖方式……

唯其如此，人情與人性遂成爲生命的歸宿，其意義與其說在於出世，不如稱之爲詩人對於自我生活態度的獨立選擇，正是這種判斷力，使他在入世時也不至於隨波逐流，而能保持其精神的自由品格，面對惡勢力做獅子吼。《政論家》所以能一針見血，就因爲自我實現與崇尚權力決不相容：

帶著文字的獵槍入夢
射殺一整排
頭綁白巾的民意代表
然後哭著醒來，說
「我愛你們——」

那種爲了權勢，以他人爲「馬炮士卒」的人，乃是以人生爲戰場，爭名奪利而不擇手段，因而與審美的生活態度無緣。唯有獨立選擇「生長的姿勢」，詩人才能在權威面前保持自己的獨立思想，而不被「政論家」的假慈悲面容所迷惑。這種重情文化傳統中的自我實現精神，實具有普遍的社會意義。

詩人在「書房」，並非不關心社會，寫詩是「夜戲」，意義又十分深遠。把握自己的時間，即是珍惜自己的生命——歲月悠悠，你能爲世界留下些什麼？是留下一段動人的故事，留下一個高尚的人格，留下一群可愛的子女，還是留下一部輝煌的傑作？種種名利，無非身外之物，生不帶來，死不帶去。唯有時光默默，與生命相擁相伴，卻又如流水滔滔，一去而不復返……於是《陽光堤岸》告訴我們，不要失去童心，要把握現時的每個瞬間：

媽媽的午覺讓一切正好完美
偷溜正好戲水正好，陽光
陽光正好。正好曬乾
一切潮濕的證據，一切
慢慢慢慢發霉的記憶。呵
童年是一道懶洋洋的斜坡
只允許我們暫時逗留

是的，有「陽光」的照耀，生命之川就輝煌了起來，這也象徵著對人生價值的發現，遊戲雖是小道，卻來自我們自主的選擇，「戲水」之際，時光便沒有偷偷溜過。詩亦然，自我實現的體驗永遠是生活中最值得「記憶」的。「童年」是一種充滿了精神活力的時節，只要詩心還在，我們便不會順「斜坡」滑了下去！

附註：

①洛夫：《從儒俠精神到超越境界》，載《書房夜戲》（爾雅出版社，一九九一年），頁二。
②章亞昕：《閒情無價　家園溫柔》，載《聯合文學》一九九四年十月號。
③沈志方：《立即的驚喜・沉思的回味》，載《書房夜戲》，頁一七二。
④林語堂：《珠璣篇篇》（王家出版社，一九八七年），頁七二。
⑤同③，頁一七三。
⑥《書房夜戲》頁一七。
⑦《閒情逸趣》（時報文化出版公司，一九八五年），頁三三。
⑧同①，頁一一。
⑨〔日〕加藤秀俊：《余暇社會學》（遠流出版公司，一九八九年），頁五六。

詩在情深處：謝馨論

中年心事濃如酒，少女情懷總是詩，聰慧的菲華女詩人謝馨，年過不惑始寫現代詩，在她的詩作中，自然更多對生命的感悟，更多對人生的回味。是的，詩意來自情感的最深處，詩是一種需要細細品味的藝術。在《波斯貓》這首詩裡，詩人告訴我們：

我伸縮底瞳孔在黑暗中見到些什麼
東方一古老國度的神秘以及你前世
再前世
許多世結下的宿緣

重視人的倫理情感，本來就是東方人的傳統，發達的抒情詩藝術，代表了一種文化精神，所以通往過去的「宿緣」，也指向了未來，乃是「第六感之外的預言」。唯其如此，品味詩意時「見到些什麼」，總是如此地意味深長。詩人不是以指爲月，而是通過藝術視野，直接進入內心世界的深處，使讀者調動整個心靈的全部活力，去感悟自己的言外之意。

追求感情的深度，詩人自能感性與知性並重，即便隨興而發，在精細的美感中也滲透了她宛轉的才情，流露出詩意無窮的韻味。《木匠》的情思同樣是入木三分：

循著木質純樸的
紋路　也許能索回
　蟬聲與鳥鳴
合奏的仲夏日——癡迷的
執刀人　正在一棵
參天古木，鏤刻
愛底紋身
（心型符號裡是小兒女的／鑄情和盟誓　希冀地老／天荒的永恆——沿著／歲月迴旋
底年輪）

走入「年輪」，情感便是有深度的！我們只看見了「紋身」的意象，然而在「心型符號」後面，還有她深摯的情感……入木三分的思緒，遂深入了樹木內的生命，那裡有歲月留下的印痕，可以想見昔日的「蟬聲與鳥鳴」。只要你認真去讀謝馨的詩句，

那時，你便會相信有關
花底、葉底
傳奇，果底
　　神話
以及樹底輪迴
轉世和再生一自書桌／的面、椅子的腳／舟楫的腹和屋宇的脊背……

只要精神的「年輪」還在，傳統也就在，人間萬物也因此而擁有了生命！在這裡，一切人工文物原本都是自然之物，一切外在意象原本都是內在心情。華文詩以「契合」為最高審美境界，注重天與人，物與我，情與理，虛與實，文與質等等的和諧統一，即「天人合一」的大同精神，也就要從「年輪」入手寫意傳神，追求抓取意象的內在氣韻。謝馨的詩正是以氣韻見長，以寫意傳神取勝的。

物我兩契，詩便可以內外合拍。有什麼樣的「木匠」，也就有什麼樣的「椅子」。《椅子》這首詩抒情的紋理，主要是取決於人生經驗中精神的脈絡。「椅子」以其物質的功能屬性，凸顯了行為方式的精神結構。「你坐下／我便存在」，乃是一種對生命本質的把握，將感情提昇為知性，把「無時不在／無處不在」之物，納入了詩人對歷史的沉思，以及她對人性的領悟：

對於成為
神聖，崇高
權利與力量的
表徵形象，確實
是令我受寵若驚的，為了
一個寶座
而拚得你死我活
一個王位
而勞師動眾，生靈塗炭的例子
歷史上
是層出不窮的。然而
有些事是必需
必需坐下來
始能找出頭緒，有些

智慧
是不能在奔跑
跳躍的狀況下領悟的

身若安然，心便靈動。「椅子」的哲學，原來在於「忍勞忍怨的承受」；「椅子」的價值，其實無關於「虛飾的／物質的外表」。爭權奪利並非人生的目的所在，這即是「一動不如一靜的眞理」。只要能坐下，又何必排座次，智慧遠比地位更加重要。於是人心不受外物所役，自己成爲自己的主人。可見情感的深度離不開詩人的胸襟，襟懷決定創作的心態模式，影響意象的審美形式。詩人隨感而興，夢往神遊，其中自有「許多世結下的宿緣」，使心靈的最深層部份，和事物的最深層部份，通向了自然的大道。在詩中，「椅子」兼有實體、功能、動靜、自然等不同屬性，意象一化爲多，聯想多樣而又使多歸於一，體現出中華民族詩思維的優秀傳統。

有深度的情感，一是表現爲情思的眞切，二是表現爲抒情的含蓄。謝馨的詩，因襟懷坦然而時見豪情，又因詩思宛轉而富於韻味，由簡致遠，因隱示深，從而獲得弦外之音，韻外之致，在詩句中充滿了悠揚宛轉的語感。《一柱擎天》的詩思，也正是剛柔相濟，處處虛實相生，與入木三分的「椅子」意象，有著異曲同工之妙：

我必須
直立
必須冷漠
必須
支持著
高舉著
負荷著
一些甚麼
在雅典項城
伯特農神殿的
石柱上
幾千年來
我支持著光輝的愛琴海文化

「直立」而不曲的「柱子」，道是「冷漠」卻有情，「柱子」的意象可以象徵悠久的傳統，乃是民族精神的脊樑。當文化被轉換爲民俗，它自有其相對的穩定性，支持著人們種種情感與信仰。於是詩人由小我走向了大我。她說：「你的哀傷／怎樣也比不上／一根倒下／柱子的淒涼」。這話極眞切，又極含蘊，有很大的包容力。詩意即是高擎華夏民族文化精神的一根「柱子」。謝馨曾任台北民航空運公司的空中服務員，對於世界各地文化與民俗的差異，必定會有很深的體會。領悟「柱子」的意象，自然有助於確認個人詩歌藝術在文化時空中所佔有的位置。她在華文詩創作中繼承了華夏民族的重情文化傳統，其表現手法也就重視暗示和象徵，不著色相，不落言筌，所謂「不著一字，盡得風流」；「超以象外，得其環中」。唯其如此，「柱子」便同「椅子」一樣，自有其內在的「年輪」，都是虛實相生，把實物的眞形往虛處寫，「離形得似」，抒情的內容只可意會而難以言傳。

這種創作心境，可以從詩人的「中國結」中得到解說。謝馨自己也在《中國結》的詩中如是說：「你是我潛意識最最深陷的戀母／戀父情結。回到螺祖第一隻／春蠶的襁褓時期，或能闡釋／我內心曲折，繁複的糾纏／和掙扎。」她是在十歲那年從大陸移居臺灣的，二十多歲又出國去了菲律賓。在道路盡處，是天涯海角；海天茫茫雖然可以成就更加廣闊的人生路，然而兒時故土的依依情，卻因此而化入了詩思，使文化傳統具有一種可以滿足情感需要的作用。這種體驗無疑能夠強化詩人對自己內在情感的洞察力和感受力。她長於細緻地觀察人生，敏銳地感受生命，深刻地領悟詩意，詩中便不乏想像的靈感和超越的動力。詩窮而後工，內指性的、積鬱性的苦悶情懷，總是深刻而充滿力度，很容易形成一種相當強大的心理勢能，使詩人不吐不快。想像力總離不開未被滿足的願望，詩可以怨，詩人可以在重情文化傳統中有所寄託並且得以解脫。文化精神與藝術趣味往往是相對應的，因此謝馨在「我底憂慮」之餘，找到了自己。

一
以貫之的方向和途徑——纖柔的
步履，執著地
仿傚你華夏底韻緻。且在每一個
轉身的姿態，每一個
低徊的流盼裡，中國啊！
中國，我癡迷地模擬
你
　漢唐的風華

情之所在，亦即詩之所在。「漢唐的風華」遂化作謝馨詩中的流韻，古老的意象就這樣變成了一片清新的風景……其中正有一種她對於抒情風格的自覺追求。詩人呼吸在東方的文化氛圍中，出入於中西相對的精神世界裡，意象便由此而化生；詩思飛動，時時脈脈含情，處處絲絲入扣，意象俯拾即是，又能著手成春，即便是海外風光，那裡面也蕩漾著「中國結」所激起的精神之流。

江流千里，自有其源；海納百川，各有來處；然而江流入海，也就另是一樣風景。《一滴水》的抒情主人翁說她是「一滴水」如同荷葉上的露珠，「看紅蓮由夢中甦醒。」她卻不肯「匯入河川」，乃是「生命樂章最悅耳的一個音符」，故僅僅一滴，便足以溶解「愛情的方程式」。這正是在重情文化傳統中陶冶出來的藝術個性，縱然走遍天下，也絕不情願迷失了自己的本來面目。

流浪的雲從老遠跑來
邀請我昇華到更高的境界
雨為我流了許多淚
海洋答應我站在波濤的峰頂
向世界發言
但我仍堅持
我是一滴……
水

入川入海不忘淵源，抒情主人翁也就在舉手投足之間，處處宛然「漢唐的風華」，即便是描眉畫眼如《柳眉》、《藍眼膏》、《點絳唇》諸詩，那眉目神情依舊是漢族女兒家的風範，「飄逸自然」，「婉約纏綿」，只不過「我已全然／懂得屬於藍色的／憤怒，感傷／與幻滅。」這使我們想起了「斷腸人在天涯」，詩人眉睫之前似乎盡是淒涼意。

其實，這正是第一代移民所常有的文化心態——過去的經驗已不適宜於現在的環境，人地兩生的世界也不再崇尚昔日的權威，然而文化的傳統又總是通向了兒時的記憶，故園的鄉情從此是夢中的溫馨……守護著自己的本來面目，同時去細細打量新的天地，比較中西文化間的差異，思索海外遊子的命運，於是，謝馨的詩中，也就頗多華人心目中的海外風情，外在的觀感與內在的情感相反相成，相異相生，相互衝擊激蕩，相互啓示發揚，遂造成了藝術境界裡別開生面的抒情氛圍！這就像那首「王彬街在中國城」，但是「中國城不是中國」的《王彬街》一般，「王彬街」只不過是抒情主人翁思鄉時自我慰藉的代用品，「我每次想中國／就去王彬街」，詩人從那裡的民俗，可以品味出華夏的文化：

去王彬街吃一頓中國菜
一雙筷子比一隻筆桿兒
更能挑起悠久的歷史

去王彬街喝一盅烏龍茶
一杯清茶較幾滴藍墨水
　更能沖出長遠的文化

文化的魅力，在於它已經滲透於民俗之中，習慣成自然，轉換成一種生活方式。詩人的感悟確實表現出她眼光的敏銳與深刻，而這敏銳且又深刻的感受力，則來自於銘心刻骨的深情！人在海外，心繫故鄉，新的閱歷與舊的傳統相互疊合，自我感覺和自我意識難免會發生一些微妙的變化，而這些變化也會影響謝馨對於他人的觀感。人們之間，總是同中有異，異中有同，而《華僑子弟》中的形象，顯然包含了詩人極爲深沉的感慨：

傳到第四代　子孫們
就開始像螃蟹那樣橫著走
在紙上
他們嘴裡咬著熱狗
看見龍就說
那是東方的玩意兒
屬於遙遠的中國

龍的傳人也會數典忘祖，這實在是海外遊子無奈的命運，文化就像民俗那樣無法遺傳，子孫們又怎麼會有與父母們同樣的心情！上一輩的異鄉情懷，總會變成下一代人的認同意識，未經蜀地之人，難免樂不思蜀。故對於「華僑子弟」而言，若要「玩尋根的遊戲」，也不妨等到生命中的秋天，「葉子要到秋天才落下來」，此言似乎輕鬆而實極沉痛。在這裡，詩人面對的是一種文化代溝現象。空間的轉移造成了時間的割裂，上一輩重視過去的回憶，下一代強調未來的機遇，便產生不同的行爲方式，不同的身世之感，不同的價值觀念……不同的情境自有不同的活法，不同的心境自有不同的想法，不同的語境自有不同的說法，異鄉情懷和認同意識，便構成了海外華人的兩難選擇，因爲文化傳統的斷裂，無疑會傷害民族感情，這意味著自己不僅從地理上，更從心理上進一步遠離了世世代代一脈相傳的血緣親族。詩人又怎能割捨這種深情？詩在情深處，即是爲此而發。所以我認爲她筆下的「混血兒」意象，應該是具有著家族上的和精神上的雙重涵義。謝馨對「混血兒」說道，當人們「尋根／覓源」之際，並不局限於相貌，還會

看你的憂鬱是屬於地中海的藍
你的憤怒
黃河的黃

聽你的笑聲是屬於爽朗的西方
　你的沈思
　　深邃的
　　　東方

在這裡，文化的中西交錯又轉換爲人格的二重組合，非中非西又亦中亦西。兩難選擇有可能帶來歸屬感的危機和性格化的悲劇：諸如「我是誰？我從何處來？我往何處去？」這已成爲一種人生中的煩惱。

唯其煩惱於飄零的人生之旅，詩人更加看重其精神上的探源與尋根，反復纏綿於一往情深的文化傳統。謝馨由此而展示了抒情主人翁輕盈的身影。她立足於華夏民族的藝術精神，化深情爲詩意，於是心神匯聚之處，便成爲詩思飛動的所在。詩在情深處，詩人在生命體驗中進入自己的眞正存在的境界。

第三波詩人——杜十三論

詩之道古往今來，詩人與時俱進，如何適應並超越實用感性文化環境，已成爲當代詩壇上的一個重要課題。現代大衆傳播媒介，挾其聲光電化造成巨大優勢，強烈地作用於人們的視聽官感，從而確立了訊息時代的實用理性文化氛圍，而詩歌藝術則相對處於一種邊緣的狀態。詩人杜十三，面對人類文明的「第三次浪潮」，主張詩歌也要接受新潮流的洗禮，使詩思維的傳統可以實現創造性的轉換，這實在是一種很富於創意的藝術探索，具有相當深遠的美學意義。

至少就藝術形式而言，詩歌的面孔從來就不是一成不變的。文學史上唐詩、宋詩、元曲的交替，說明每個時代都擁有自己的「文化方言」，文人心有所感，唐人往往會去寫詩，宋人則多半去填詞，文化的風氣總是成就了相應的文體。而元曲的散曲與雜劇兩分，更能在文學藝術的重心從表現轉向再現之際，凸顯出古典文學重點所在：詩是「唱」的，戲劇是「演」的，而小說即「說書」所本，亦即是「說」的，它們均富有「表演」性，離不開面對面的發揮。論及古典文學，杜十三更進一步指出：這一時期「人與人的交流除了面對面的言語和表情之外，只有筆墨符號的傳遞，每個人對外界和其他心頭的認知，都必須藉由『原音』或『原件』，在一定的時間順序和空間的轉換過程中才得以完成，因此在中國，我們直接將詩情伴隨著畫意以筆墨符號創出。」所以種種古代文體便「兼俱聲韻之美、文學意象之筆與書法造形之氣」，這種文學史觀實在令人很有興味，它十分細緻，又擁有恢宏的視野。

古詩重音韻，新詩重義蘊。近代人的社會理性文化取代了古代人的實用感性文化，新文化運動高揚科學與民主，於是有新詩運動的重義趨向，那是追求社會美理想，高揚意象美原則，造成散文美趨勢，具有一種理性內容壓倒感性形式的「崇高」藝術傾向，而新詩分行排列的「建築美」形式感，也分明離不開「日益發達的印刷術」。杜十三敏銳地發現，「現代詩」之所以不同於一般的近代藝術形態，是因爲其中「融匯了其他現代藝術潮流中各種有關的影像思維，時空角色替換思維，甚至電影藝術的蒙太奇運鏡思維，使文字的意涵和本身擴張了原有的質感和意象結構的功能」。②正是這種「功能」上的轉換，使現代詩可以超越近代藝術特有的工具理性文化氛圍，不再是局限於功能性追求的結構化形式，而是眞正張揚抒情主體的個性化範式。

杜十三回顧詩歌的藝術史，是爲了探索詩藝的發展規律，尋找新詩脫離困境的出路。人們的活法、想法、說法本就是相通的，詩意要深入人心，首先要通過適宜的物質形式訴諸人們的官感，詩的「第三次浪潮」便著眼於詩的媒介更新。他認爲：

在「第一波」階段，「詩」配合著人類的生活節奏從「部落社會」轉變成「農村社會」的生活形態——「文字」符號的出現，使人類的時空觀從「人對人」的「點狀傳達時空」演變成意旨符號的「線性傳達時空」；在「第二波」階段，詩則追隨著人類從「鄉村社會」轉變成「城市社會」或「都市社會」的生活形態——印刷術的精進使人類的時空觀從符號傳播的「線性傳達時空」演變成文字發散的「平面傳播時空」和「立體傳播時空」。現在，距離末世紀還有六年的一九九四，詩，是否誠如許多悲觀的人預測的那樣，即將由影像文明所稀釋、取代，並將跟著人類的頹廢而步向滅亡之路？或者，詩有可能進入「第三波」階段，再次追趕著人類從「都會社會」轉進「地球（資訊）社會」的生態形態，並藉助資訊電波科技的發達，使人類的時空觀從「平面傳達的時空」、「立體傳達的時空」，全面的躍進一個嶄新的「四度空間的傳達時空」？

詩歌是一種最富於創意的藝術，所以詩之道古往今來。一個時代有一個時代的詩藝，體現著時代的風尚與理想，而詩人也永遠尋找著時代性的「文化方言」。儘管最新的詩未必就是最好的詩（這一點不同於科學技術的發展規律），然而創新卻是詩人的藝術使命之所在。有關詩的「第三次浪潮」，目前雖然只是一個大膽的假定與設想，然而杜十三的藝術探索已經頗爲引人注目。也許有一天，我們會面對《創世紀》詩刊的音像版？這前景著實誘人之極。無論如何，詩歌媒介的革新將創造詩美學的新天地，本身即帶有「創世紀」的超越性意義。僅此一端，我們就不難體認杜十三在新詩藝術發展史上的重要位置。

杜十三是一位極具前衛意識的詩人和藝術家。他兼修詩歌、散文、音樂與繪畫，曾經在台灣創下了第一個舉行觀念藝術展、第一個出版有聲詩集以及第一個將現代詩搬上舞台等紀錄，先後策劃和導演了「詩的聲光」、「貧窮詩劇場」、「因爲風的緣故」、「詩與新環境」等等多媒體現代詩在舞台和畫廊上的演出與展示；其創作諸如詩畫集《地球筆記》、現代詩行動記錄文集《行動筆記》、詩選集《嘆息筆記》、散文選集《愛情筆記》以及雜文集《雞鳴、人語、馬嘯》等，也很是引人注目；而文學版《火的語言》詩集，脫胎於《太陽筆記》第二部，該最能代表詩人近來的藝術創作成就，確實給人以深刻印象。

《火的語言》本是千行詩絹印限量詩集。在台北市「誠品藝文空間」舉行「杜十三個展」時，詩人又以絹印版畫、立體裝置和多媒體的共現形式進行了再創作，從而把文學作品的《火的語言》轉化爲視覺藝術的「光的對話」，乃是以多媒體個展形式來營造「詩的視覺劇場」。詩集《火的語言》作爲「文學版」，所收並不限於上述那首長達千行的寓言詩，集中另有詩作五十五篇，同時也摘選了部分照片翻印的千行詩絹印版畫長卷，造成一種詩情畫意交錯的藝術氛圍，尤其在附錄中那些有關「詩與藝術」多元媒體的創作系列摘選，更是令人耳目一新，感到「詩中有畫，畫中有詩」。原來，走向「第三波」藝術世界，需要擴大美感的範圍，而且「要從全方位閱讀的觀念開始著手」：

全方位的閱讀包括了符號閱讀、影像閱讀、空間閱讀……等，像柏格曼的電影，就常有中國文學上有關形聲、會意、轉注、假借……等「蒙太奇」手法的運用，使「符號文本」和「影像文本」有溝通的線索，擴大了多元「閱讀」的可能。在全方位閱讀的趨勢下，同一個作品產生了多元的「文本」，引起多元詮釋的形式，比方說：唐宋時期是中國詩的黃金時代，這時期的詩，在內涵上除以文字符號傳達美感外，又有筆墨書法上的視覺美，吟哦詠唱的聲韻美……等等多元詮釋的文本。

「全方位的閱讀」意味著審美時官感多元化。我們知道，詩歌是表現藝術，其語言編重於在時間中流動，意象的空間隨著時間而流轉；一旦詩情與畫意相對照，甚至將詩雕塑化、劇場化，詩藝也就滲透了再現藝術的意味，可以在空間中展開，使時間凝結在空間上，而物質材料的運用及可以直觀的造型，都使審美知覺與空間中的實體存在建立內在聯繫，造成詩意可能直接感知的藝術屬性。

詩人以雕塑和繪畫訴諸視覺，以音樂訴諸聽覺，詩歌就不僅僅以語詞來喚起人們的表象和想像。聞一多主張：「詩的實力不獨包括音樂的美（音節），繪畫的美（詞藻），並且還有建築的美（節的勻稱句句的均齊）。」戴望舒也提出：「詩不是某一個官感的享樂，而是全官感或超官感的東西。」⑤但是，語言在詩句中很難像音樂中的聲音那樣充份表現自身的情感，文字的排列和語言的表象較之建築、繪畫等等，也失去了具體的可視可觸的藝術感染力量，而且增大了在理解詩歌內容方面的歧義性。平心而論，倒是杜十三的藝術探索恰恰使作爲精神性表象的詞語可以藉畫面而得以直觀，使意象可以介於直接性與非直接性之間、可感性與非可感性之間。即便是隨手翻上一翻詩集，那詩行下面印刷的海浪畫圖，也彷彿波濤起伏，像動畫片一般響起了潮音……這並不是爲了好玩，通感本就易於引起聯想，詩人又早就在《自序》中提示過我們：「事實上」，如果人身即是苦海，心，即是人身中的島，和台灣一樣。⑥當我們讀到：

趕快上岸趕快回到你唯一的島上　用心
繼續燃燒
繼續用沉默航行
在千億劫波之中脫掉疤尋找共鳴
在天空關閉之前
趕快
找到你自己的靈魂

就不難從中感受到一種生命體驗，如羅門所說「杜十三便是將經驗體認與智識以及緣自其他空間與時間藝術所賦給他的技巧策略，都溶入詩中，統化成爲用『生命』在『美』中思想的一門學問。」⑦我們有所直觀，又有所思辯，在審美經驗中滲透理念，在藝術官感中把握人生，「海」與「島」的對比就很是啓人深思。「島」在身外，又在心中；「海」是環境，又是人生。詩人的探索，乃是生命力、創造力、想像力三位一體，在形式感中包蘊了更爲深刻的內容，亦即羅門所謂「『生命』的學問。」那波浪也象徵著電波！

原來，千行寓言詩《火的語言》，乃是一部借「火帝」之口講出的、人類精神生命的史詩。全詩分爲《疤》、《沉默》、《共鳴》、《無所不在》和《波》五卷。「火帝」說，在普羅米修斯盜火時，「我是比詩更高溫的語言是比愛情更狡黠的／語法」，而且「從煙霧到火焰到光到能　是燃燒的四種方式／是語言的四個階段／是人的四種可能」。所以我們必然走向「第三波」，藝術世界。

猶如「火帝」所指出的「淚　是液體的火」，「人　是固體的火」，三者是一體的，而且「這個島上生長過的悲劇　和你們也是一體的」——燃燒的歷史，燃燒的情感，爲人們的心靈留下了「疤痕」：

適度的言語是光

過度的語言則是疤痕
對我而言或是對你們而說
這都是燃燒的準則

唯其如此，「一句句充滿能量的語言／可以昇爲邏輯的蒸氣推動文明的火車／也可以轉化爲頓悟的電波重組一座輝煌的城」，而「歷史」主要由「火」組成，「島」卻構成了「海的疤」。這是極爲恢宏的境界，詩人以其超凡脫俗的想像力滲透了當代人內在的心態，引我們去回顧種種話法、想法、說法，去參與「光的對話」。他告訴我們：「輻射是沉默的文法」，「光就是火的文字」，「沉默是般若在血中的航行」，即「『生命』的學問」之所在，而「心　就是宇宙」。生命火在燃燒，火帶來了文明，然後就產生了文化：

心與心的共鳴發現了人
波與波的共鳴發現了星球
人與宇宙的共鳴發現了神
有與無的共鳴發現了宇宙

詩意就在共鳴中，美感就在共鳴中，共鳴如磁場，似電流，在我們面前展開了「第三波」的藝術世界：「以火的燃燒和山水大地花草樹木的共鳴是第一／種體外的美」（第一波），「以電的流動和金屬水泥機械霓虹的共鳴是第二／種體外的美」（第二波），「以光的波動和螢幕衛星電腦傳眞的共鳴是第三／種體外的美」（第三波）……

於是，電波與磁波構成了精神生命的外在形成，「波是一切渡」，「波是不立文字的經文」，而「島」即在「海」中，而「心」即在「波」中，「第三波」即是新一代人精神生命的載體。波濤與電波，就這樣環繞著現代人的生存。「火的語言」，正是一個關於詩藝「第三波」的藝術宣言，所謂「『生命』的學問」，並不是空洞而抽象的理念，也不是濃響而費解的意象，其中自有我們民族的生態、時代的、心態、生存的姿態。

無論在千行寓言詩《火的語言》裡，還是在閩南語歌詩《台灣十二唱》中，詩人都表現出說唱與朗誦的傾向——走向「第三波」藝術世界，勢必要追求具有聲情之美的表演因素，力求聲情並茂，曉暢傳神，在不長的時間內，強烈地吸引並感染讀者。運用閩南方言、回顧台灣歷史，顯然有助於加大抒情強度，所以杜十三要寫長詩，表達經過強烈體驗的、有普遍性的感情，並且注重氣氛的渲染，注重情緒的起伏，注重章法結構的安排，以便充份發揮在情感交流中的時間效應。

爲了詩歌的「好聽」和「好看」，杜十三「刻意減少文字意象的密度而以節奏的變化和氣勢的營造爲形式表現的主軸，是因爲希望有機會將它延伸成朗誦詩的緣故。」⑧朗誦詩的美學特徵，不同於閱讀的詩，它的音節重於義蘊，更看重吟味節奏，以複沓的音樂性取勝，因而口語多，鋪敘多，運用同一意象的重疊或對比，在時間的延伸中造成意象的複沓，故主要是以感染力見長。上述特點，都多少體現出詩人努力整合大眾傳媒的意圖與苦心。一旦朗誦者步入劇場或進入螢幕，詩歌便不再是可以反復回味的「悄悄話」，面對面的一次性情感交流，完全改變了抒情詩的欣賞習慣，使本來隱蔽的抒情主人翁可以直觀，使「好詩不厭百回讀」的反復欣賞方式被代之以一呼百應的交流形式與劇場效應……在這個領域裡，詩歌的「第三次浪潮」有的是用武之地。

值得注意的是，杜十三面對大眾的抒情姿態，又主要著眼於人生，即改變社會上的「文化陸沉」現象。他面對風雨中的人生，面對變幻中的風尚，以自己的創造來超越種種局限，用心，努力的探索著詩壇的未來出路。

附註：

①②③杜十三：《詩的「第三波」》，載《台灣詩學季刊》第八期（一九九四年九月）。關於古代文學和近代文學藝術特質的論述在此不便展開，可參閱拙著《近代文學觀念流變》（漓江出版社，一九九一年），頁九，頁九二。

④蕭蕭等：《「從詩人到讀者的通路」研討會》，載《台灣詩學季刊》第七期。（一九九四年六月）

⑤聞一多：《詩的格律》，載望舒：《望舒詩論》，載《中國現代詩論》上編，（花城出版社，一九八五年）頁一二五，頁一六一。

⑥⑧杜十三：《體內的島嶼》，載《火的語言》（時報出版公司，一九九四年），頁一六—一七。

⑦羅門：《邁向「前進中的永恆」的詩人》，載《火的語言》，頁一一。

文化貫通與人格整合：楊平論

詩藝在追求中更迭，爲超拔而探險，以尋找大地凸起之處；然則楊平因其靈性而得以沉潛，從而把握其生長的年輪，使寫作成爲一種對於生命的直觀。於是文化貫通與人格整合，遂化創造性爲包容性。由楊平詩集《空山靈雨》、《年輕感覺》、《永遠的圖騰》、《我孤伶的站在世界邊緣》，及《三地交響》這部三人詩選，我感到了融會貫通的大文化精神。立足現實之維，整合古今中外詩學的會心之處，著實令人興奮。

試讀《拜石》：「晨。風爽。意甚悠閒的沿溪漫行。一條青蛇，帶著王羲之的蘭亭筆意，曲曲有致的穿草而去，這就想起了王爾德的名言」。楊平借助中國傳統的詩文、繪畫、書法的啓迪，創造了充滿中國情致的現代詩。這當然離不開台灣的文化背景，「在那裡，中國和西方、傳統和革新、古典和現代的結合和融匯，似乎比大陸更有成效。」①傳統本來就是與家園一體的！詩人也在這部詩集《後記》中回憶北大哲學系畢業的父親，說他是「一個十分典型的中國文人、恂恂儒者。一生旅遊過許多地方。常常會對一座山、一叢林、一曲溪水，或僅僅是一園綠木，一天清風，負手漫步，或而指點（當你也負手上前），或引述某位詩人的雋語佳句，『性本愛丘山』，『既事多所欣』，吟詠，感慨，勉勵……」②整合過去爲現在的一部分，本來就是成長的必然歷程，父親便是童年的「家」的代表。

於是，有詩集《年輕感覺》中的詩作《年輕法典》，詩人宣告：

讓大地恢復百萬年前的風貌。
人與人。語言與語言。
美麗的肢體連接病弱的肢體——
讓我們再一次擁抱彼此
再一次真誠的宗：
　一個童話世紀的降臨

童話是感性的，猶如年輕是感性的。童話所代表的藝術精神，象徵著人格整合這一個體的成長之道，重現了人類心理上的進化歷程，乃是一條從感性到理性的發展進程。所以童話以虛擬的幻想，使兒童在不同角色與各種情境的體驗中，由幻想世界走向理想人格。唯其如此，作爲成人同兒童的對話，童話往往是一種關於成長的寓言，使家庭氛圍、遊戲心態和抒情想像構成了童話的美學特徵，而且「童話化」的詩學也就離不開情感互動的社會化美育結構。

楊平認爲「年輕的路」使之成了「心靈王國的追求者與放逐者」，他「生活在一個地方，卻不時渴望著出走，去看看這個世界，擁抱不同的人文景觀和大自然風情」，[3]行走遂成爲心靈獨特的感悟方式，一種對於個體生命的詩意體驗，一個心理時空的開拓過程。他在《青春物語》中曾經如是說：

> 光。以及風速
> 激情。以及無可比擬的
> 逼近死亡
> 穿梭於險惡都會的
> 獨行遊俠啊
> 一如無人了解白雲的走向
> 有誰能解開我心中的密碼嗎？

如果說武俠小說是成人的童話，那麼在古龍筆下白衣劍俠的身影中，也包容了對「獨行」的追求——甘於寂寞，虔誠且又堅忍，在親近大自然的逍遙遊中澡雪精神，陶冶浪漫而自由的詩性情思……抒情主人翁便《在滿室寂寞中》參悟「人生的奧義」：「失落的獨立者、流行的走過天涯／無論你來到什麼地方／或是被這個世界所排斥——隔絕——／地球都不會因此停止運轉！」是的，成長意味著面對陌生的時間與空間，一邊認知多變的自我，一邊又尋找自己在世界上的位置。漂泊與整合也就構成了一劍之雙刃！

然後便有楊平由「新古典」向「後現代」的轉換。沈奇指出：「從《空山靈雨》到《永遠的圖騰》，詩人楊平無悔地逼近一個段次的終結。這本應該是同步並進的創作歷程，在楊平卻顯然分成了兩次『出發』，由此而致的結果是：一方面延誤了行程，不再年輕的詩人不得不等待一個晚來的全面成熟；一方面也鍛煉了長途跋涉的腳力，永遠年輕的詩人終會到達他應該佔有的詩之高地！」④我總覺得這是一個文化貫通與人格整合的幻美之旅——步入後工業社會，數字化、機械性、精確感等物化傾向，正威脅著「詩意棲居」的活潑性靈，天人合一已不是現代人生存的本相。在詩集《永遠的圖騰》中，《一加一的上班族》道：「後來便再也沒有可擔憂的了：／傳真機慰療了芳心，面孔與面具合一／日夜漸漸定點化的律動／體態也逐日呈蛋型走向的頹然／復頹頹然。」這是一片心靈的荒漠，演化出表情上「頹頹然」的不毛之地。《關於存在》則說「不確定」性是一種「養料」，「使最貧瘠的土地也繁生／種籽。」抒情主人翁問：

一疊疊紙幣
成就了今日智慧型國會大廈，昔年的

萬里長城、英雄事蹟、與北歐神話：
昧於儀式的芸芸追求者
化兵馬俑為滾滾人潮——
介於快悅與放蕩與自逐之間的
酒呢？筆呢？寥落的
胡同與杜甫草堂呢？

史冊裡的美人可能是虛幻的；
昨夜的狂歡也可能是！
——處於本體狀態下的此刻
你，真的是你嗎？
剎那，真的可以永恆嗎？

眞與美相契合，乃是存在的本體狀態。歷史上人類文明的第一次浪潮伴隨著口頭的、感性的傳播，是一種個人化的美育行爲；第二次浪潮伴隨著印刷的、機械的傳播，是一種群體性的美育行爲；第三次浪潮借助大衆傳播媒體，孕育著一種互動性的美育行爲。作爲一段歷史新的開端，信息時代需要人們更多地發揮其創造的潛能。可見人類文明的每一次浪潮，都爲信息傳播提供了新的物質手段，但是如何創造性地運用這些傳播手段化眞爲美，想像成詩，以詩覺世，又是文化發展的歷史契機所在。唯其如此，整合與貫通都表現了詩性精神的「成長性」。所以《我們不可能拒絕隱喻——于堅「拒絕隱喻」讀後》一詩強調：「樸素的心和大海一樣的接近太初／樸素的思想礦石一樣蘊藏著無數的能！」「嬉戲在花園而儀式屬於殿堂；／同樣藍的晴空下有著不同的膚色、信仰、／與選擇：失去了童年／仍然是記憶的一部分／遺忘了童年／不會茁長爲眞正的詩人！」納百川而成大海。我們若從人類整體和個體「童年心理」發展的相似性出發，去思索詩歌與童話的文體審美特質，就會發現二者皆傾向於感性化的藝術精神。華夏詩性精神立足於古代重情的文化傳統，是在人類文明的第一次浪潮（即農業革命）的歷史背景中產生的。詩文化傳統成就了中華民族泱泱千年詩歌大國，正是農業文明高度發展的結果。詩性精神富於創造力的奧秘，在於主體與客體因爲比喻、聯想而相互契合，從而導致了理想與追求的統一、激情與意志的結合、想像與創造的轉換。二十世紀人類文明的第二次浪潮（即工業革命）驚濤拍岸，由此而促成的中國新文化運動主流是理性文化運動，因而以小說文化取代了詩文化的盟主地位，卻也推動了童話的自覺。「少年中國」的時代精神塑造出現代教育理念，民族文化由於告別童年時代才認知感性同理性的區別，童話遂構成整合的中介——以美育促教育，整合傳統文化與外來文化爲中國現代文化的一部份，就要承認人類的「童年」同個體的童年一樣，同樣是以過去的感情經驗爲其自身發展的精神資源。現代詩的價值之一，即在於整合傳統正是在理性時代保持創造力的必要條件。就人格結構而言同樣如此：情商的重要程度猶在智商之上，可見美育的地位絕不低於智育。文化整合的規律表明，只有令兒童成爲「眞正的」兒童，他才可以長成「強壯」的大人。換言之，無論就歷史的傳統來談詩性精神，還是就個人的成長來談童話藝術，文化心理的發展，總是以激情和想像來組成精神世界的「深層結構」，而且整合感性與理性，還是發明創造與開拓發展的根本途徑。楊平主張：

詩是永遠的圖騰。

至少就我們這個古老的民族而言，詩，曾在我們的生活、精神、物質各個層面烙上深情的印記——並在極長的一段流動歲月裡，發出比黃金還要輝煌的光，成為民族最傲人的標誌！

這是歷史的一部份。也是真理尚未蒙塵時，最美麗、最受矚目的那部份。東方如此，西方亦然；直到不久以前，詩，還是人類與大地、與自然、與宇宙、與夢的最高表徵。如今，隨著時代形態的改變，都市與科技文明的相繼崛起，在日趨物性的狹隘空間裡，人際關係的尖銳功利化，雖說詩人仍是人類良知的代言人，卻已不是新世代舞台上的主角，越鏗鏘的詩篇，越在喧嚷的紅塵中顯得荒謬！⑤

組詩《電話檔案》，也就象徵了詩人楊平立足於童話精神，向現代「成人社會」所發出的抗議，乃是「最閃光的深度鏈條」。⑥於是，楊平從「新古典」轉向「後現代」，再轉入「人文觀照」也就順理成章。朱必聖說楊平詩集《我孤伶的站在世界邊緣》是「從自我的夢想之國來到現實之都」；⑦瘂弦也認爲楊平九十年代以來「在詩風上又有新的變化和增進，最大的不同，是他不再把心象造景局限於『中國的古代』與『世界的現代』的互爲映襯、對比上，他也許發現此一手法如果過多的使用，一定會呈現疲態，而把創造的重點放在現代精神更寬更深的挖掘上。他暫時拋卻傳統文學的上溯與心儀，改以現代人的眼、都市人的心，來捕捉現代生活（特別是都市生活）的內涵，那些富有別趣或令人驚詫的意象，溶成了獨特的心景，突顯出現代人世紀末的精神困境，這種傾向大大強化了他作品的反思力與批判力。」「他近作中一些狂飆的意象，以及叢叢密密綿亙不絕的形上思考，在在說明楊平的作品已進入一個更繁複、更玄秘、更富象徵性的精神領域。……通過這個轉變，可以把他的作品從農業氣質推向都市性格。」⑧古今貫通，眞美契合，便有了楊平的《期待》：

　我期待一個新的出發——
一次星爆——一幕燦爛的復活——

從大地的深處再度噴出火焰！
讓靈魂看到的不僅僅是春天的明綠！
　那些帶淚的臉，滴血的心
以及，來自一切人類的吶喊
那些黑暗角落，憂傷和苦難的歲月……

我相信每一次日出都是一個開始——
我相信自己擁有的不僅僅是一枝筆！
微笑是這個世界所缺少的，信念也是；
我要結合脫隊的人尋找失落的風車！
無論即將來到的日子多麼沉重——
我要把玫瑰獻給情人，真誠獻給陌生的心
詩獻給您：所有夢幻王國的子民啊

詩人便在「期待」中成長起來。成長伴隨「新的出發」，把古今中外整合爲渾然的一體，且又落實於存在的基礎之上，文化貫通與人格整合就這樣滲透進詩人楊平的生命歷程，並且從中生長出詩意化的「微笑」與「信念」……原來詩心與童話總是因其眞而有意義，因其善而有價值，因其立足於現在而能海納百川，因其著眼於未來而揭示「一個開始」。楊平的追求之路亦因其「眞誠」而日新月異……

附註：

①謝冕：《兩岸異同的互補——從楊平的詩談起》，載楊平詩集《空山靈雨》（詩之華出版社，一九九一年），頁四二。

②楊平：《後記：那些煙雲美麗的、湧動的》，載《空山靈雨》，頁一六三。

③楊平：《走過年輕的路——後記》，載楊平詩集《年輕感覺》（詩之華出版社，一九九一年），頁一六八。

④沈奇：《從「空山靈雨」到「永遠的圖騰」——楊平詩散論》，載楊平詩集《永遠的圖騰》（詩之華出版社，一九九五年），頁一六二。

⑤楊平：《堅持，意味著一切——後記》，載《永遠的圖騰》，頁一三八。

⑥沈奇語，出處同④，頁一五七。

⑦朱必聖：《流浪的詩人——評楊平的詩集〈我孤伶的站在世界邊緣〉》，載《創世紀詩雜誌》一〇九期。

⑧瘂弦：《天空、大地、河流——讀楊平、馮傑、田原三家詩小引》，載楊平、馮傑、田原三人詩選《三地交響》（詩之華出版社，一九九六年），頁八—一〇。

詩意與俠情：方明論

詩意與俠情，本來就有相通之處：盡情任性，無拘無束，體驗生命的自由境界。方明是「創世紀」詩社的同仁，他出生於一九五四年，卻同前輩詩人一樣擁有戰地流亡的履歷——只不過並非來自大陸，而是來自南越。方明的詩意與俠情，乃是在困頓和壓抑中為自己拓展出一片性靈的天地。

華夏文明傳統中，詩意與俠情渾然合一的境界，早就讓方明神往。在他早期的作品《瀟灑江湖十》裡，抒情主人翁曾經如是說：「遙拜龍的族史悠長五千年，野店的油燈亦亮了五千年，說古的老頭你如何收藏流失的帙卷，江湖飄瀟幽幽的雨，無數英雄傑仕自你眼眶逸出，嗚冤鼓也罷，風度彬彬也罷，是神是佛是年代殘舊的闕補。」後來身世的坎坷，更加激起詩意與俠情。詩意，乃有感而發，憤怒出詩人；俠情，因意氣難平，不羈闖江湖。因此，白靈就此說：「他的苦，窩在心，藏於眉，艱難迴旋，卻又如夢似幻，經常一架飛機就可以轉換，教他對人如何說起。詩，於是成了他的拯救。這樣的故事似曾相識，『一言難盡』是走過苦難和戰爭之人共同的心境，當地球另一方則是燈紅酒綠時，豈非有如誤踏他人的夢境？詩，這時又成了他的抵抗。」①以失意望得意，背井離鄉後就學巴黎，《夜讀花都》說出詩人對巴黎夜景的獨特感受：

始終沒法翻越夢的藩籬
我們被感官的花都燃燒著縹緲之祈望
一如凱旋門下的無名火焰
霜雪不息

從臺灣大學到巴黎大學研究所，方明總是難以脫離憂傷的情懷。詩集《病瘦的月》、《生命是悲歡相連的鐵軌》和散文詩集《瀟灑江湖》，都貫注了詩人的生命體驗。例如《毀約之後——哀異域的家鄉》中，抒情主人翁說：「等候一封家書如等候一次神蹟，媽媽的慈容隔得多麼遠，情人的思懷便長得那麼遠，而咫尺的只是淚影中的濛糊。」又如《苦幕》，傾訴悲劇的展開如何滲透進語言和文字：「昨夜的鞋印是變奏之逃亡，乾癟的臉孔驚惶了背上的嬰孩／瘦瘦的哭聲瘦瘦的禱語。」白靈在《編輯案語》中指出：「他的詩好用長句和冷僻字，孤軍深入中國和古典。每個『怪字』的演出其實兼含著心理的一種自虐、逃遁、和欽慕，由越南逃亡的巨大陰影仍纏裹著他，於是他選擇了詞句的包紮，像小雞躲回蛋殼，像溪流碰到漩渦再也不願前行，在那裡他埋藏隱匿他的不堪和難解，遠方的炮火和情思只有打中這些詩句才易熄滅。於是這些詩句形成了『非常方明式』的創新和銳利。」②也許《詩人》所說，正是方明心目中詩人的角色，亦即通過自由的心態來擺脫不幸的命運：

去替月亮調色
去揮眾星落我衣袂
將煮熟的唐朝咀嚼

古典的意義，便在於以詩意與俠情提供了自由想像的馳騁空間。如《馳古三卷·夕陽》：「淒蒼的西風將沈落的夕陽愈吹愈紅，這帶雲層皺褶最多，只因終日的湖樂與鄉曲，奏愁了那遺落的豔麗」。美麗和憂愁同在，詩意與俠情共存，詩美就成爲自由的象徵。於是詩人說：「生活在眞實與虛無之間閃爍存在，詩的功能準確將人類活動生滅的情緒作最貼切的詮釋，而詩的張力亦最能表達潛伏在靈魂深邃裡的吶喊，這種吶喊除了嘗試在宇宙的洪流中找尋自我的定位外，亦希冀將人性本質的愛與情作更完美的演出。」③《樹》表明詩歌作爲文思的成長，幽思的轉換，心靈的自救，已經成爲另一種生命的形式：

幾番掙扎

滿樹繁花搖響的悲歌
瀉落如泉

在季節的盛衰裡匍匐
俯看神采飛揚的路人
竟會沿途滋生霜鬢
驚惹秋色
早來

庇護巢穴亦被群巒憐抱
世事何嘗不是相互愛戀
取暖

在這個意義上，詩意成爲方明生命的「年輪」，而逐漸擴展。馮青在《追索及肯定——淺談方明的熱天午後之巴黎》就表示：「驀然驚覺，離開詩壇數十年又開始握筆書寫的詩人方明，早已不是昔日和羅智成、苦苓等詩友共組台大現代詩社時的青衫少年。那時讀他的詩作，每有『花間集』及『故國神遊，多情應笑我』的那種況味，當時八十年代的知識青年，仍然續接『輕身一劍知』類似溫瑞安等神話了的儒俠之寫照……」④昔日之思，「載不動許多愁」；今日之詩，便充滿現代感。《失眠》的言外之意，即在於此：

只一隻蚊子
便擾得我子夜的斷夢
縱橫碎貼
誰說此刻讀月最瀟灑
心事如我無法舒展的疲憊
一樣難纏
深色的燭焰
何時才燃足一個太陽的光亮
替我逼出黎明

「逼出黎明」的現代感，不同於「讀月最瀟灑」的古典情調。這是一種古今交彙的藝術境界，所以管管在《那是一種現代味的唐詩或離騷》中說：「讀方明詩，方才明白，詩是可以方可以明可以圓可以暗的，可以把詩寫的一句一句長長的，像是一串要登上梯子才能吃完的葡萄，那種葡萄美酒夜光杯的葡萄，唐的葡萄。他寫的是現代而用字典雅如碰上離騷一點點，碰上漢賦一點點，還有一點點魏晉。」⑤在詩人的心目中，詩意與俠情既然代表了生命意義之所在，他也必定與二者不離不棄。故《當我死後》會這樣說：

當我死後
枕我於唐詩於宋詞
邀我以李白和杜甫
豪飲長城下
然後細數千古英傑
誰解遊俠情

顯而易見，我們面對著一種相對穩定的藝術個性，他不輕易脫離自己的承傳，也不隨意改變個人的風韻。羅門在《一聲冰爆　春流滾滾》一文中，同樣認爲：「方明不屬於當前流行的『後現代』創作體系詩人，他的詩一點也不『流行』，也不隨便與任意的扭曲與顚覆，倒是流露著相當幽雅的人文情趣與品味，仍保有現代詩以往正常可持信的思維脈絡與朝向情思深度有秩序地擴展的訴求形勢——也就是不放棄現代詩特別注重精彩『意象』強有力的放電性，使詩境發光。」⑥此一境界，可以《習字》爲喻：「滿袖乾坤瀉出竟是只只汪汪的落影，半推半就，來去自成磊落的神情」。羅智成在《方明其詩其人》中，也指出：「這個塡補著他存在的價值、充實著他孤獨的心靈的世界，叫做『中國』，一個在那時的現實世界裡幾乎找不到太多痕跡與線索，在方塊的漢字裡頭卻無時不在、無所不在的文化理想國度；一個充滿豐富典籍、無數傳奇，充滿精彩人物與可歌可泣的悲歡離合的，最壯觀的舞臺；更重要的，一個有著太遠的距離、太多的空白得以讓年輕的想像力去恣意塗抹、揮灑的創作主題……」⑦於是，方明完成了自己的傳奇。

那是一個現代人的神話，被壓抑的情懷由於想像力而恢復了創造力，由於創造力而恢復了生命力。在這個意義上，詩意與俠情是古典的，更是現代的；是傳統的，更是創造的。詩意與俠情——一個象徵了自由的文化意象。

方明擁有的，本就是一種創造者所獨有的詩意與俠情！

附註

①白靈：《拯救與抵抗——小論方明的詩》，《創世紀詩雜誌》第二五頁，二〇〇三年三月一三四期。

②白靈：《九十一年詩選》第二四五頁，臺灣詩學季刊雜誌社二〇〇三年。

③方明：《生命是悲歡相連的鐵軌・序》，創世紀詩雜誌社，二〇〇三年。

④馮青：《追索及肯定——淺談方明的熱天午後之巴黎》，《生命是悲歡相連的鐵軌》（創世紀詩雜誌社，二〇〇三年），頁一九一。

⑤管管：《那是一種現代味的唐詩或離騷》，《生命是悲歡相連的鐵軌》（創世紀詩雜誌社，二〇〇三年），頁一七一。

⑥羅門：《一聲冰爆 春流滾滾》，《生命是悲歡相連的鐵軌》（創世紀詩雜誌社，二〇〇三年），頁一六六。

⑦羅智成：《方明其詩其人》，《生命是悲歡相連的鐵軌》（創世紀詩雜誌社，二〇〇三年），頁一八七。